ネット社会の諸相

飯田良明
松下慶太
編著

学文社

はじめに

　1995年は,「インターネット元年」といわれる。一世代＝約30年の生物学的世代概念に従えば，インターネットが社会で使われ始めて20年足らずにすぎない現時点(2015年)は変化過程の最中であり，社会が大きく様変わりしたとはいえないことになろう。しかし，現実の社会をつぶさに観察すれば，人びとは否応なく「ネット社会の到来」を体感せずにはおれないことも確かである。今やインターネットは「魔法の情報玉手箱」として老若男女を問わず日常的に利用されている。職場はいうまでもなく，私的なメールの送受信，ショッピングや旅行，情報・知識の検索等々のインターネットがもたらしてくれる便益を多くの人びとは享受している。

　インターネットを支える情報通信技術は，「日進月歩」どころか「秒進分歩」，あるいは「ドッグ・イヤー」といわれるほどのスピードで進化し，日常生活の諸領域で活用されている。その情報技術の中核はいうまでもなく「コンピュータ」である。コンピュータは，米国国防総省が軍事技術として開発した計算機から高度な情報処理装置に進化し，さらに通信技術とドッキングしたことで,「インターネット」という世界大にネットワーク化された電子情報通信システムに変容したのである。

　ところで，近代社会は産業の近代化＝工業化(industrialization)を限りなく推し進めてきたが，20世紀も後半に入るとそれも臨界点に達したという認識が生まれてきた。いわゆる農業社会から工業社会へと社会の産業構造の機軸が移行し，さらに工業社会の次なる段階への発展が模索され始めた。たとえば，ドラッカーは『断絶の時代』(1969)で，またダニエル・ベルも『脱工業化社会』(1973)でそれぞれ来たる社会を「知識社会(Knowledge Society)」と捉え，そこでは工業社会を支える「技術」よりも技術革新の源泉である「知識」が重視されると説いた。

　確かにインターネット社会を迎えた21世紀の今日では「知識」を内包した「情

報」が重んじられる社会へと大きく変容しているといっても過言ではないであろう。Google をはじめとするインターネットを基盤としたサービスを提供する情報産業が成長産業・最先端産業として世界の注目を浴びている。しかも，まもなく携帯電話・スマートフォンを四六時中肌身離さずにはおれないデジタル・ネイティブ世代が社会の主役となる。当然ではあるが，逆にデジタル・イミグランツ世代は社会の後景に退くことになる。歴史を紐解けば，グーテンベルグが 15 世紀中葉に活版印刷技術を完成させ，『四十二聖書』『三十六聖書』を印刷刊行したことで，権力者階級による知識の独占体制が崩壊し，16 世紀初頭の宗教革命の素地を醸成した。その伝に倣えば，正に 21 世紀中葉に向かってコンピュータ，インターネットを中心としたメディアが既存の知識・情報構造を変容させていくことによって，社会は大きく変容していくに違いない。

　以上のような認識を基本視点とした本書は，ネット社会のルーツを 1960 年代に始まる情報化社会に求め，その後の高度情報化社会を経て今日のネット社会に至るプロセスを，家族，教育，職場，政治を中心とする日常生活の諸領域における変容の一端から明らかにする試みとして編まれたものである。執筆者はネット社会の最先端に立つ若手研究者が中心である。したがって，本書が情報化社会あるいはネット社会に関心をもつデジタル・ネイティブ世代に歓迎されれば幸いである。

　本書は，学文社 田中千津子社長のご海容をもって刊行できた。刊行が当初の予定より大幅に遅れ，田中社長には多大なご迷惑をお掛けしてしまった。田中社長とともに細部にわたってご尽力をいただいた編集部の皆様に感謝する。

　2015 年 3 月

編著者　飯田　良明
　　　　松下　慶太

目　次

第1章　情報化社会からネット社会へ──────1
第1節　情報化社会──ネット社会前史……………………1
1-1　情報化社会とは　1／1-2　情報化社会論の動向　3
第2節　高度情報化社会………………………………………7
2-1　高度情報化社会政策の登場　7／2-2　2つの情報化社会論　9
第3節　ネット社会の誕生……………………………………12
3-1　1995～2005　インフラ化するインターネット　12／3-2　2005～2010　つながりの時代　13
第4節　ソーシャル・メディアの時代………………………17
4-1　2010～　リアルの意味　17／4-2　ビッグデータ　20

第2章　家族関係の情報化──────25
第1節　身近すぎて見えない「情報化」……………………25
第2節　家族を越えて，家族をし続ける"家族"……………27
2-1　新たな家族のつながり　27／2-2　モバイル・メディアの情報化　29
第3節　アニメのなかに見える家庭の情報化と構造の変化……30
3-1　磯野家とさくら家　30／3-2　技術決定論と社会構成主義　34／3-3　電話の果たす役割　36／3-4　家族の情報化としての電話の位置づけ　38
第4節　家族はBeing（そこにあるもの）かDoing（実践するもの）か？……39
4-1　ケータイの登場　39／4-2　家族・家庭の機能の変遷　41
第5節　家族で起こるBeing（静的な関係性）とDoing（動的な関係性）のぶつかり合い……43
5-1　家族関係の情報化　43／5-2　家庭内におけるケータイを

活用した関係性の調整　45／5-3　家族の情報化　47

第3章　教育・学習の情報化 ─────────────────51

第1節　ネット社会における教育・学習の方向性 ················51

第2節　「教育の情報化」の流れと展望 ·····················52
2-1　CAI から CSCL へ　52／2-2　日本における「教育の情報化」　54／2-3　プロジェクトにみる「教育の情報化」　57

第3節　ネット社会における教育・学習 ·····················60
3-1　デジタル・ネイティブと教育・学習　60／3-2　インターネットによる教育の「拡張」　63／3-3　インターネットによる教育の「拡大」　65

第4節　Education から Learning へ ·······················68

第4章　職場・組織の情報化 ─────────────────73

第1節　近代社会における組織と情報 ······················73
1-1　組織の課題とは　73／1-2　組織内における個人の位置づけ　74

第2節　現代社会における組織の構造変容 ···················77
2-1　組織における情報の介在　77／2-2　職場環境の変容　78／2-3　組織構造の変容　79／2-4　ワークスタイルの様態　81

第3節　クラウド化と職場 ····························83
3-1　情報技術の役割　83／3-2　クラウドサービスの登場　85／3-3　テレワークの変容　88／3-4　ワークプレイスの動向　91／3-5　移りゆくワークスタイル　94

第5章　地域の情報化 ────────────────────97

第1節　地域社会からネット・コミュニティへ ················97

第2節　地域社会と情報化 ····························98
2-1　コミュニティとは何か　98／2-2　地域情報化という言葉

をめぐって 99／2-3 メディアと情報化 101

第3節 ネット社会以前の地域情報化……………………………………102
3-1 人びとのつながり方の変遷 102／3-2 地域メディア 104／3-3 電話という新技術とモータリゼーションによるインパクト 106／3-4 地域情報流通の旗手としてのケーブルテレビ 108

第4節 ネット社会における地域情報化…………………………………110
4-1 新しい情報通信技術の社会的浸透 110／4-2 新たな地域メディアの誕生と普及 112／4-3 地域社会における新しい担い手の誕生とメディア活動 112／4-4 オンライン上に生起するコミュニティ 114／4-5 ローカル・ネット・コミュニティ成立の条件 116

第5節 ネット社会とコミュニティ再編……………………………………118
5-1 情報化の進展と変わる地域概念 118／5-2 情報化の今後を見すえて 120

第6章 政治の情報化 ―――――――――――――――125

第1節 政治社会と情報……………………………………………………125
1-1 政治社会とメディアの関係 125／1-2 大衆社会の動向 127／1-3 ラジオの誕生 128／1-4 テレビの政治的影響 131／1-5 マスメディアと政治 133

第2節 ネット社会と政治情報……………………………………………135
2-1 政治インターネット元年 135／2-2 インターネット情報とマスメディア情報 138／2-3 インターネット社会の理想と現実 140／2-4 インターネットと選挙・政治 142

第7章 ネット社会における人間 ――――――――――149

第1節 情報化社会における人間像………………………………………149
1-1 情報化のルーツと現実 149／1-2 ローマ・クラブの指摘 152／1-3 情報化のもたらす諸側面 152

第2節 ネット社会における人間像の変容……………………………160
　　　2-1 コンピュータ技術の様相　160／2-2 日本におけるパーソナル・コンピュータの環境　162／2-3 ブラウザ戦争　164

第3節 ビックデータ時代の人間像……………………………………166
　　　3-1 ポストモダニズムと情報化　166／3-2 デジタル化社会における所有者　168／3-3 デジタル化の進展のゆくえ　169

索　引……………………………………………………………………173

第1章

情報化社会からネット社会へ

第1節　情報化社会──ネット社会前史

1-1　情報化社会とは

　日本で「情報化社会」論がブームになったのは，1960年代後半のことである。そして21世紀の今日，「ネット社会」が人口に膾炙している。これは高性能化した「コンピュータ」と「通信技術」が融合して「インターネット」という，世界中の多様なデータや知識，文字情報や映像を，誰もが自由に利用できる巨大な電子情報通信ネットワークの登場によって起きた現象である。本章では，この現象の様相をインターネットが広範に使われ始める1990年代中頃までを「情報化社会」，それ以降を「ネット社会」としてとらえ，前者を第1節，第2節で，後者を第3節，第4節で扱うことにする。2010年代の時点で振り返れば，情報化社会はまさにネット社会の「前史」と位置づけられよう。

　情報化のとらえ方は一様ではないが，一般的には美ノ谷和成のように，1960年代後半から1973年までを「情報化」，1980年代以降を「高度情報化」とする2段階のとらえ方が定着している（美ノ谷，1989：209-241）。しかし，ここでは1960年代から1990年代中頃までをおおよそ10年単位で括り，情報化の様相をとらえていくことにする。そこでまず，1960年代の情報化がどのような文脈でとらえられていたかを考えておきたい。

　日本で情報化は，「産業社会論」の様相をもって登場してきた。梅棹忠夫は，

早くも1963年に『放送朝日』(1月号)で論文「情報産業論―きたるべき外胚葉産業時代の夜明け―」を発表している。梅棹は発生学的概念を導入して，次のような産業の発展段階説を試みている。第1段階「農業の時代」は食料生産中心で消化器官系を充足させる「内胚葉充実期」，続く第2段階「工業の時代」は生活物資とエネルギー生産が中心で筋肉を始めとする諸器官の機能拡充期の「中胚葉充実期」，そして第3段階「精神産業の時代」は脳神経系・感覚器官の機能拡充が中心的課題となる「外胚葉充実期」とする3段階説である(梅棹，1988：42-43)。いうまでもなく，正に1960年代は精神産業の時代に突入しつつあるとみる。

　梅棹は所論のなかで脳や感覚器官を刺激する神経産業，すなわち，マスメディアや教育・宗教などを含む「情報産業」がきたるべき社会では発展すると予測する。彼は「情報ということばをもっとも広く解釈して，人間と人間のあいだで伝達される一さいの記号系列を意味する」ととらえ，そういう情報の生産・伝達に関わる産業を中心とする時代がこれから到来するというひとつの文明論を展開したのである。ただし，梅棹は精神産業(情報産業)，とりわけテレビの異常な普及率(1965年時点の白黒テレビの普及率は90％を超えていた)を示した放送産業の発展を「きたるべき外胚葉産業時代の夜明け現象」として注目していたので，情報産業を「情報という奇妙な物を売る商売」ととらえていたにすぎない。したがって，情報産業とはいえ，その内実は今日のそれとはかなり異質である。

　このように日本では情報化は産業社会論として登場したが，情報化を経済学的手法で分析したのはマッハルプ(Machlup, F.)である。マッハルプは梅棹論文より1年早い1962年に *"Production and Distribution of Knowledge in the United States"* を著し，情報を「経済的財」とみなし，「情報経済学」を提唱した。彼は知識産業を「知識の生産・処理，蓄積，流通，販売などに関する諸活動にまたがる広範な分野」ととらえた。具体的には教育，研究開発，コミュニケーション・メディア，情報機械，情報サービスの5部門を知識産業と見，それらの

知識産業の生産高が国民総生産(GNP)に占める割合を算出した。その結果，1958年時点における米国のGNPの28.7%を「知識産業」が占め，しかもGNPの伸びよりも知識産業の成長率の方が大きいことを見出し，知識産業はこれから成長し続ける産業であると予測している。従来，経済的価値とは無縁とみなされていた知的活動を「経済的財」とみなしたマッハルプの「情報経済学」は高く評価された。

　ここでマッハルプが「知識」「知識産業」と表現していることに留意しておきたい。というのは日本においては当初から「情報産業」「情報社会(Information Society)」が使われていたが，欧米では「知識産業」「知識社会(Knowledge Society)」が一般的な用語法であったからである。マッハルプにかぎらず，ドラッカー(Drucker, P. F.)やベル(Bell, D.)なども産業社会の後に到来する社会では「知識」が中心的価値をもつようになると予測しているように，欧米では「情報社会」より「知識社会」が主流であった(ドラッカー，1969。ベル，1973)。ところが，1960年代後半に増田米二を中心とする日本の情報化社会論者たちの主張が徐々に受け入れられるようになり，1980年代中頃から欧米でもKnowledge Societyに代わって和製英語Information Societyが定着していった歴史的経緯がある。

1-2　情報化社会論の動向

　そこで1960年代後半に日本で情報化社会論がブームとなった背景をみておきたい。情報化社会論は当時の高度経済成長の持続を前提とした未来論のなかで浮かび上がってきた。増田米二『情報社会入門』(1968)，林雄二郎『情報化社会』(1969)をはじめとして情報化社会論は華々しい展開をみせていた。しかし，林の「社会の情報化とは，この社会に存在するすべての物財，サービス，システムについて，それらの持っている機能のなかで，実用的機能に比して情報的機能の比重が高まっていく傾向をいう」(林，1969：56)にみられるように，当時の情報化のとらえ方は漠然としたものであった。

ところが，この揺籃期にあった情報化社会論は，情報化が国家の産業政策に取り入れられたことで活気づくことになったのである。すなわち，当時の通商産業省は産業構造審議会のなかに新たに情報産業部会を設置したのである(1966)。東京オリンピック(1964)を終え，大阪万博(1970)を迎えようとはしていたものの，高度経済成長を持続させる長期展望を経済界も政府も持ち合わせてはいなかった。また，高度経済成長の歪みが水俣病などの公害を始めとしてさまざまなかたちであらわれ，新しい産業政策の構築に迫られていた時代であったから，情報産業部会の新設は，経済界はもとより政策立案者たちが未来論者たちの語る情報化社会論に注目した結果であるといえる。

　その産業構造審議会情報産業部会は，情報化社会を「人間の知的想像力の一般的開発をもたらす社会」と描き，情報化社会建設のために情報産業を政策的に支援・育成すべきであるとする「情報処理，情報産業施策に関する答申」(1969年5月)を出している(通商産業省重工業局情報産業室編，1969：10)。こうして情報産業の支援・育成を政策的にバックアップする環境は整ったのであるが，1973年，第4次中東戦争に端を発するオイルショックで高度経済成長政策は挫折し，当然，情報化も政策的には頓挫を余儀なくされた。

　政策的には頓挫しようとも，コンピュータをはじめとするさまざまな情報通信技術は革新し続けることになる。その結果，1970年代後半にはカラーテレビがほぼ全世帯に普及し，また今日では想像も及ばないが，電話加入の積滞(加入待ち)も解消している。1970年の大阪万博では日本電信電話公社(現NTT)は未来の電話として「携帯電話」(550g)さえ展示している。あるいは情報機器のモバイル化の先駆けといえる「ウォークマン」(ソニー)も1979年7月に登場している。それらにとどまることなく，ワープロ(word processor)，パソコン(personal computer)などをはじめとする高性能化した情報機器が企業を中心に徐々に普及していったのである。いわゆる事務部門のOA化，生産部門のFA化が進んだのである。つまり，1970年代の日本では実態的には情報化は進展していくものの，情報化社会「論」はあまり活発に展開されることはなく，ど

ちらかといえば低調であった。

　そうした状況下にあっても情報化の数量的把握はいろいろと試みられた。たとえば，電気通信総合研究所による情報流通量の測定(1970)などはその好例である。ただし，これは電話のひとり当たり年間通話度数，100人当たり書籍発行部数などの推移によって情報化の進展度を数量的に測定しようとする初歩的な試みにすぎなかった。そうしたなかできわめてユニークな情報化の数量的把握を提案したのはポラト(Porat, M.)である。ポラトは，先にみたマッハルプの知識産業論の考え方に触発され，「組織化され，伝達されるデータ」である情報は「商品」であり，経済学的に計量できると断言する。ただし，情報のもっとも大きな意義・価値は「意味・質」にあるはずだが，当然，それは計量化になじまないばかりか不可能なので，計量化が可能な指標によって情報化の進展度の測定を試みたのがポラトの情報経済学の基本的な考え方である(ポラト, 1977)。

　ポラトは，情報産業全体の生産高のGNP比率と，情報産業関連産業就業者の全就業者に占める割合によって情報化の進展度を計量化した。まず経済全体を，主に情報活動に従事する第1次情報部門とそれ以外の非情報部門に大きく分け，さらに非情報部門を第2次情報部門(たとえば自動車産業における研究開発)，生産活動部門，家計部門の3部門に分ける。彼は情報活動を「情報財やサービスの生産・加工・流通に費やされるすべての資源」と規定し，その情報活動に従事している程度によって情報産業を第1次情報部門と第2次情報部門に分けた「新しい産業関連表」を提示している。ちなみに第1次情報部門，第2次情報部門としてそれぞれ次のような情報活動を挙げている。

　第1次情報部門(主として情報活動に従事する)：① 情報のための市場(知識産業と発明的産業／情報交流と通信産業)，② 市場における情報(調査・調整作業／リスク・マネージメント産業)，③ 情報インフラストラクチャー(情報処理と伝達サービス／情報財製造産業)，④ その他(情報財の卸売・小売／情報活動の支援施設／政府活動の一部)

第 2 次情報部門(非情報部門に属する情報活動)：① 情報市場部門(知識の生産者／知識の伝達者)，② 市場情報部門(市場調査・仲介専門家／情報処理労働者)，③ 情報インフラストラクチャー(情報機器労働者)

そして GNP に占める情報部門(第 1 次情報部門と第 2 次情報部門の合計)の付加価値を計測し，その大きさで情報化の進展度を測定している。ポラトの試算によれば，1960 年代後半時点で米国経済の 46％をすでに「情報部門」が占めていることになる。彼の試みはユニークではあったが，それだけに社会にストレートに受け容れられたわけではなかった。ポラト自身はその後，実業の世界に身を投じ，通信ソフト「テレスクリプト」を開発した GM(ゼネラルマジック)社の会長として情報化の実践的推進役となっている。

このポラトの情報経済学にヒントを得た小松崎清介は，ポラトの「第 2 次情報部門は非情報部門における企業内の情報活動を集計したものであり，産業としての独立性を備えていない要素が含まれている」点に留意しつつ，日本の情報化の進展度の計測化を試みている(小松崎，1984：13-25)。また，小松崎は「電子化」の概念を導入することによってポラトの研究を精緻化できるとしたうえで，次のように日本の情報化の進展度を測定している。GNP に対する「情報部門」の比率は，1960 年時点では 29.5％にすぎなかったが，1975 年に 41.1％，1980 年には 43.5％にまで増加し，情報化が著しく進展しているとした。なかでも「第 1 次情報部門」はこの 20 年間に 4.4 ポイントの増加にとどまったが，「第 2 次情報部門」は 9.6 ポイントも増加していることに注目し，小松崎は「これまでの情報化の進展が，非情報部門の情報活動の拡大，いいかえれば産業の情報化に負うところが大きかったということになる。情報化の進展は必ずしも情報産業そのものの拡大という形ばかりでもたらされたわけではないことに注目すべきである」と指摘している。

第2節　高度情報化社会

2-1　高度情報化社会政策の登場

　1973年のオイルショック以降，日本の情報化政策は鳴りを潜めていたが，80年代に入ると「高度」情報化政策と衣替えして再登場している。高度情報化政策もかつての情報化政策と同様に情報産業の支援・育成，それによる経済活動の活性化を基調としているが，高度に進化した情報通信機器による地域社会の形成に力点を置いているところに大きな特徴がある。すなわち，高性能化したコンピュータと通信技術を連結した電子情報ネットワークによる地域社会の形成が高度情報化政策の目玉である。

　電子情報のネットワーク化によって，自宅に居ながらにして必要な情報をいつでも入手できるといった魅力的な地域社会イメージが提示された。だから，高度情報化社会政策にはこれまでの通産省・経済企画庁に加えて，新たに郵政省・農林水産省・建設省なども参入し，各省庁の所管領域に見合った地域高度情報化政策構想が入り乱れた。たとえば，通産省「ニューメディア・コミュニティ構想」，郵政省「テレトピア構想」，農林水産省「グリーントピア構想」，建設省「インテリジェント・シティ構想」などである。だが，各省庁の権限・予算の拡大をめぐる縄張り争いから高度情報化推進地域がバラバラに指定され，政策効果は半減され，地域高度情報化政策の成功例はきわめて少ない。

　それはともあれ，高度情報化政策の狙いは企業を中心に進んできた情報化を家庭や個人のレベルにまで拡大し浸透させることにある。1980年代の高度情報化をもっともよくシンボライズしている試みは，84年9月から日本電信電話公社（NTTになるのは1985年）が東京の三鷹・武蔵野地区で行ったINS構想（Information Network System，高度情報通信システム）の実験である。INS構想自体はすでに78年の「国際コンピュータ会議」で発表されていたが，この実験では実験地域内が光ファイバー網でネットワーク化され，デジタル情報を発

信・受信できることが実証された。1台の端末器でテレビ・電話・データ・静止画・動画などの多様なサービスを利用できた。たとえば，自宅に居ながらホームバンキング，ホームショッピング，あるいは画面を通して医師の診断が受けられる在宅医療や住民登録手続きなどができるといった具合である。

このINS構想の実験ではきたるべき高度情報化社会のイメージが具体的に提示されたこともあって，「ニューメディア社会の到来」と喧伝され，全国から見学者が押し寄せ，ニューメディアがブームとなった。この実験は2年半にわたって行われたが，試行錯誤で課題も多く，期待されたほどの成果は得られなかった。だが，ある意味ではその後のインターネット社会のイメージを部分的に先取りしていたことは事実である。

また，先の小松崎論文「高度情報化社会の展望」では，1990年および2000年の情報化の進展度についても予測が試みられている。それによると，GNPに占める「情報部門」の比率は1990年で48.5％，2000年にはなんと53.3％にまで増加する。特に「第1次情報部門」は同期間に30.3％から35.4％へ順調に増加していくのに対し，「第2次情報部門」は逆に18.2％から17.9％へ減少していくと予測されている。すなわち，「これまでの情報化の段階では，非情報部門の情報化がめざましく進展していたのに対し，今後は情報部門の情報化に拍車がかかることになる。これが高度情報化の特徴のひとつとして指摘される」と小松崎は述べる。さらに情報環境の変化によって，「従来非情報部門のなかで閉じ込められていた第2次情報部門の活動が，第1次情報部門へ連関して発展する傾向が顕著となるであろう。たとえば，鉄鋼会社のコンピュータ部門が分離して独立の情報処理会社として発展していくというケースが増大する」と小松崎は予測する。つまり，これまでは「産業の情報化」であったのに対し，これからは「情報の産業化」が進むとする予測である。小松崎の予測は2000年までを射程に入れたものであったが，その後の日本の高度情報化は小松崎の予測を超えて進展しているとみてよいであろう。

2-2　2つの情報化社会論

　ここで1980年代にみられた日本の高度情報化と密接に関連していると思われる情報化社会論を2つ取り上げる。最初はトフラー(Toffler, A.)の『第三の波』(1980)である。トフラーは今から約1万年前の農業革命に始まる「第1の波」、および産業革命による「第2の波」、そして現代社会は情報革命の「第3の波」に洗われている時代とみる(トフラー，1980＝1980：18)。この第3の波が押し寄せていることで、現代文明は4つのレベルで革命的変革が起きつつあるとみるのである。すなわち、第1レベルの技術体系においては、枯渇することのない太陽エネルギーなどの開発、コンピュータやエレクトロニクスなどの情報産業、宇宙産業、海洋開発、遺伝子産業が基幹産業となる。第2レベルの社会体系においては、多品種少量生産が広まり、ワープロの普及で書類や秘書が不要になり、各種の電子機器が装置された「エレクトロニック住宅(electronic cottage)」が現れ、その結果、在宅勤務も広まる。そして第3レベルの情報体系では、マスメディアの力が次第に衰え、メディアの多様化が進む。そして最後の第4レベルの権力体系では、地方分権が進むと予測したのである。たしかにその後の社会はトフラーの予測に近似した姿に変容しつつある。

　特にトフラーが想定する高度情報化社会における人間生活のイメージを凝縮していると思われるのが「エレクトロニック住宅」である。エレクトロニック住宅の住人たち(ホワイトカラー)の間では在宅勤務や、自分の好みのものを注文・生産し、消費する「生産＝消費者(producer ＋ consumer ＝ prosumer、プロシューマー)」が一般化するとみる。もちろん、必要な情報は政治・経済はもとより、スポーツであれ芸能であれ、必要な時に自宅で情報端末器のキーを叩けば入手できる。そういう未来社会をトフラーは「プラトピア(pratopia)」とよんでいる。これは先のINS構想でイメージされた社会と酷似しているが、ネット社会となった今日では「エレクトロニック住宅」は「スマート住宅(smart house)」となろうが、その住人は外出先からでもたとえば自宅の室温を調整できる。

　また、トフラーはエレクトロニックの住人たちの地域社会への帰属意識が強

くなり，家庭生活中心の社会が進むとみているが，それは楽観的すぎるといわねばならない。一般に社会の近代化は職業生活の居住地への依存度を低下させるので，住人の地域社会への帰属意識を弱化する傾向がみられる。実際，日本は1960年代の高度経済成長過程で近隣関係が衰退し，「コミュニティ」の再生を政策的に促そうとしたが，成功した事例はないに等しい。それは米国社会も例外とはしない。パットナム (Putnam, R. D.) が "Bowling Alone" (2000) で詳細なデータを駆使して示したように，人びとの地域社会への帰属意識は明らかに低下している。パットナムは，現時点で「インターネットの長期的な社会的影響を実証的に評価するのは早計すぎる」としつつも，「米国人の大半が20～30年前と比べてコミュニティとのつながりを多くの点で失っている」(パットナム, 2000＝2006：203および218) ことを強調している。

さて，日本の情報化・高度情報化のイデオローグのひとりが増田米二である。彼は彼の情報社会論の集大成を，まず英文で1980年に "The Information Society as Post-Industrial Society" を，次いで85年に日本語版『原典情報社会』を出版している。この本は最初に米国で出版されたこともあって，日本にかぎらず欧米でも影響力のあった情報社会論のひとつで，先述したように欧米流の「知識社会 (Knowledge Society)」が日本流の「情報社会 (Information Society)」に転換される契機となったといわれる。増田は，情報社会を「情報の価値の生産と利用を中心として発展する社会」ととらえ，次のようにスケッチしている。

「この場合の情報とは，今までのテレビや新聞などのいわゆるマスコミ情報ではなく，コンピュータと通信技術の結合によってつくり出される高度に知的・複合的な情報であり，その本質は，人間の知的労働力の代わりを務めるばかりか，それ以上のことをなしとげ，しかも広汎な知的情報ネットワークを形成し，やがて現在の工業社会を情報社会へと根本的に変革していくことである。そういった性格の情報が大量に生産され，人類社会を維持し発展させる上で最大の価値を発揮する社会が情報社会なのである」(増田，1985：27)。

さらに増田は，「情報は人間の目的達成欲求を満たすための手段であり，情

報の価値はこれを利用して，最適な行動を選択し，その目的を達成することによって，はじめて実現する」ともいい，そうした情報を供給する拠点を「情報ユーティリティ（information utility）」と名づけた。情報ユーティリティ（情報市民公社）とは，コンピュータと通信ネットワークを組み合わせた公共的な情報処理サービスを提供する情報インフラストラクチャーのことで，「誰でも，どこでも，いつでも，必要な情報が，容易かつ迅速に，しかも安価に入手できる」性格のものである（増田，1985：105-106）。増田の言う「情報ユーティリティ」は今日の「クラウド」や「オープンソース」，そしてグーグルなどの検索エンジンに繋がる萌芽的アイディアととらえれば，「安価」どころか「無料」で「誰でも」利用できる。

　いずれにせよ，増田やトフラーが描いて見せた高度情報化社会はその後のコンピュータと通信技術の飛躍的進化によって実現しつつあるといえよう。特にインターネットのルーツとなる「アーパネット（ARPANET）」が，1969年に米国で軍事機密の分散管理のために開発され，83年に軍事用と研究者用に分離され，そして研究者用ネットワークの運用が86年に全米科学財団（NSFNET）に引き継がれ，さらに90年には全米で商業化されたことで高度情報化社会は「ネット社会」へ大きく変貌していくことになる。

　一方，日本でも84年に慶應義塾大学・東京工業大学・東京大学の3大学間の研究者用ネットワーク（JUNET）がスタートし，89年にNSFNET（95年に閉鎖）に接続し，93年に一般利用が可能になった。このように米国をはじめとする各国の各分野でのさまざまな試みが結合して，カステル（Castells, M.）が言うように，「社会全体にとってインターネットは1995年に誕生したのである」（カステル，2001＝2009：22）。

　こうして多種多様な情報を瞬時に高度に処理・蓄積し，かつ発信・受信できる広帯域デジタル通信網（Broad Integrated Services Digital Network）が開発・整備され，電子情報のネットワーク圏が地域社会から国民社会へ，さらには地球社会へと拡張されたのである。つまり，情報化社会は高度情報化社会へ，そし

てネット社会へ徐々にバージョンアップしていったのである。

そのネット社会の具体的な様相は、次節で展開する。

第3節　ネット社会の誕生

3-1　1995〜2005　インフラ化するインターネット

　前節で確認したように，インターネットが本格的に普及するようになったのは1995年以降と言われている。その直接的なきっかけとなったのはマイクロソフト社のコンピュータOS「Windows95」の発売であった。それまでの「Windows3.1」から大幅に改良された「Windows95」は瞬く間に普及し，より手軽にコンピュータ・インターネットを利用することが可能となった。

　90年代半ばは，現在では大企業となったIT企業が続々と設立された時代でもあった。たとえば，1994年には「Yahoo!」，1995年には「Amazon」や「eBay」，1997年には「楽天」，1998年には「Google」「Pay Pal」といった具合である。インターネットの普及をきっかけとし，それに関するさまざまなビジネスに参画，あるいは起業していくことで，インターネット関連の株が急騰し，いわゆる「ドットコム(.com)バブル」を引き起こした。1993年にアメリカではクリントン大統領，ゴア副大統領による政府主導の「情報スーパーハイウェイ構想NII (National Information Infrastructure)」を打ち上げたこともその背景として挙げられるだろう。こうした熱気は日本においても同様に「ITブーム」「ITバブル」と呼ばれ，2000年の九州・沖縄サミットも「ITサミット」と呼ばれるほどITに対する社会的な期待が高まったが，2001年には「ITバブル」も破綻し，ブームは終焉を迎えた。

　しかしながら，インターネットは着実に社会に，あるいは生活に浸透していった。たとえば，インターネットによる個人間のコミュニケーションを見てみると，インターネットが普及する以前の1980年代後半から1990年代前半にか

けてはニフティサーブやアスキーネットなど特定のサーバーとその参加者をつないだパソコン通信でコミュニケーションが行われていた。1997年には「あめぞう」、それを引き継ぐ形で1999年より「2ちゃんねる」が開設された。そもそもインターネットは軍事情報の分散管理、研究者の学術情報交換ネットワークとして出発し、さらには商業用のネットワークに展開してきたわけであるが、パソコン通信や「2ちゃんねる」に見られるようなサービスはインターネットを多くの人びとが集うコミュニケーションのプラットフォームとしても活用できる可能性を示唆したのである。

またポケベル(ポケットベル)、PHS、携帯電話などモバイル・メディアの台頭も重要である。1985年にNTTがすでにビジネスマン向けにショルダーフォンを発売していたが、大型で高価であったことも影響し、それほど普及しなかった。しかし、90年代には若者たちを中心にポケベル、PHSを経て携帯電話が普及していった。当初は通話料金が高く、そのためSMSなどメールを中心に文字コミュニケーションを中心とした独特なケータイ・メール文化が展開していた。1999年には「iモード」がスタートし、携帯電話からのインターネット接続が可能となった。携帯電話からインターネットへ接続するという、日本独特のインターネット文化が醸成されていったことは注目に値するだろう。

以上のように、1990年代半ばから2000年代初めにかけてはインターネットが社会のインフラとして普及、整備されていく時代であった。インターネットが普及していくプロセスが後のグローバリゼーションの流れを胚胎しているものであるのと当時に、日本においては携帯電話によるインターネット接続など独自のインターネット文化を醸成していったことは重要である。

3-2　2005〜2010　つながりの時代

オライリー(O'Reilly, T.)は2001年の「ITバブル」崩壊以降のインターネットを巡るさまざまなサービスやプラットフォームの潮流をそれまでと異なるバージョン、すなわち「web2.0」と位置づけた。オライリーは2005年に発表し

た論文「What is Web2.0」でweb2.0の特徴として①プラットフォームとしてのウェブ，②集合知の利用，③データは次世代の「インテル・インサイド」，④ソフトウェア・リリースサイクルの終焉，⑤軽量なプログラミングモデル，⑥単一デバイスの枠を超えたソフトウェア，⑦リッチなユーザー体験，を挙げている。web2.0のユーザー側の認識としては双方向で動的なもの，ユーザー参加型のサービスの発展・普及と言えるだろう。

　こうしたweb2.0の特徴を示すウェブ・サービスを端的に示しているのがソーシャル・メディアである。すでに先行する形で多くの読者をもつブロガーがアルファブロガーと呼ばれるなどブログが一定の影響力をもつメディアとして注目を集めたていたが，2005年前後はSNS（Social Network Service）を中心とするソーシャル・メディアが誕生し，展開していった時代でもあった。たとえば，2009年に「Facebook」に抜かれるまで2億人を超すアカウント数を誇る世界最大のSNSであった「My Space」は2003年に設立された。その「Facebook」は2004年に，また「Twitter」は2006年に誕生し，ともに現在では巨大SNSに成長している。日本では2004年に「mixi」「GREE」がそれぞれサービスを開始し，若者を中心として多くの利用者を集めた。また高速化されたインターネットは写真・動画サイトの登場・普及も後押しした。2004年には「Flickr」が，2005年には「You Tube」が，2006年には「ニコニコ動画」が，2007年には「Ustream」がそれぞれサービスを開始した。これらのサービスもユーザー自身がコンテンツを生成，編集，共有するという意味ではソーシャル・メディアであり，とりわけCGM（Consumer Generated Media），あるいは消費者（Consumer）ではなくユーザー（User）であることを強調したUGC（User Generated Contents）とも呼ばれる。たとえば，2001年にはユーザー自身が項目を生成，執筆，編集するオンライン百科事典として「ウィキペディア（Wikipedia）」が，2007年には政府や企業の機密情報を暴露・オープンにする「ウィキリークス（Wiki Leaks）」も設立された。1999年にスタートした化粧品，美容に関する口コミサイトである「@cosme」，2000年にスタートしたさまざ

まな商品の価格情報やその評価の口コミサイトである「価格.com」などのサイトはユーザー参加型であり，コンテンツもユーザー自身が作り出すプラットフォーム自体をサービスとして提供するという意味でこれらは web2.0 の特徴的なサービスであると言える。アメリカでも 2004 年にスタートした地域情報口コミサイト「Yelp」などが同様のサイトとして挙げられる。

　この時代は「クラウド・コンピューティング(Cloud Computing)」が注目された時代でもある。「クラウド・コンピューティング」とはデータ保存や計算処理を個々の PC で行わずに，オンライン上のコンピュータ資源を利用し，必要に応じてインターネットを介してそれらを利用し，サービス料という形で支払うものである。これによって，PC の故障でデータが消失するといった事態や高価なソフトウェアをパッケージとして購入し，インストール・アップデートする作業，また莫大なデータや高度な処理のために高性能な PC の購入をする必要がなくなった。セールスフォース・ドットコム(Salesforce.com)のようなクラウド・コンピューティングによるサービス特化した企業だけではなく，Google や Amazon などコンピューティング資源を豊富にもつ企業もこの領域に参入している。また 2008 年には「Evernote」「Dropbox」などクラウドを活用したオンライン・ストレージを提供するサービスもスタートし，個人ユーザーにも活用されるようになった。またこの領域にも Google やマイクロソフトなどが参入している。クラウド・コンピューティングはコンピュータ開発当初のメインフレームから分散処理システムに，そしてネットワーク・コンピューティング，SaaS(Software as a Service)に至るなかで出てきたものであり，コンピュータ単体での処理ではなく，インターネットによる接続が前提のサービスであり，ユーザーであるわれわれもそうしたオンラインの状態を当然とした認識を醸成していく土台となった。

　2010 年前後には web2.0 の流れを受けて展開していったさまざまなビジネス，社会のコンセプトを示す，一連の書籍が出版された。アンダーソン(Anderson, C.)による『フリー』(2009)，ジャービス(Jarvis, J.)による『パブリック』(2011)，

ボッツマン，ロジャーズによる『シェア』(2011) などはネット社会における web2.0 以降のビジネス，社会を見ていくうえで一定の有効な視座を提供している。

　ネット社会の進展にともなって，モバイル・メディアの位置づけも変容していった。『情報通信白書』ではどの端末からインターネットを利用しているかというデータを公表しているが，2001 年末では「パソコンのみ」52.8％，「携帯電話・PHS 及び携帯情報端末のみ」が 11.7％であったが，2003 年のパケット定額サービス開始を受け，2004 年末では「パソコンのみ」は 26.5％，「携帯電話・PHS 及び携帯情報端末のみ」が 19％と，パソコンのみでのインターネット利用が低下し，2005 年になるとついに「携帯電話・PHS 及び携帯情報端末のみ」が 22.5％となり，「パソコンのみ」の 18.6％を上回った。

　こうした中で携帯電話によるインターネット文化にも変化が見られるようになった。たとえば，元は携帯電話でのホームページ作成サイトであった「魔法のｉらんど」で掲載されていた『天使がくれたもの』『恋空』などいわゆるケータイ小説が 2000 年代半ばから相次いで書籍化，映画化されるなどヒットし，ケータイ小説ブームが起こった。2006 年には「DeNA」による特にゲームを中心に展開した SNS サービス「モバゲータウン」が開始され，人気を博した。つまり，90 年代に見られたケータイ・メールなど個人間のコミュニケーションに加え，SNS などコミュニティでコンテンツを生成・消費しつつ行うコミュニケーションが加わったのである。また，2007 年には Apple 社より「iPhone」が発売され，スマートフォンの普及が本格化していくことで，携帯電話への表示に特化した携帯サイトが減退し，代わってアプリによるカスタマイズ，機能拡張が一般的になった。スマートフォンの普及は，それまでの携帯電話におけるインターネット文化とパソコンにおけるインターネット文化とが，相互に影響を与えつつ合流することになる。

　一方で，2005 年前後は学校裏サイトを利用したネットいじめが注目されるなど，携帯電話を中心としたインターネットの影の部分が注目された時代でも

あった。文部科学省が 2008 年に発表した「青少年が利用する学校非公式サイトに関する調査報告書」によると，サイト (4,733) とスレッド (33,527) を合わせて 38,260 個の学校非公式サイトが確認された。また中高生を中心に「前略プロフィール」(2007) などプロフサイト（プロフィール・サイト）も普及し，そこでのやりとりが暴行事件に発展するケースなども起こった。それに対応するように，総務省や文部科学省，警察庁など関係省庁また携帯電話事業者，サービス・プロバイダなど関連の民間企業が中心となり，フィルタリングについての議論が展開していった。こうした流れを受け，2008 年には青少年のインターネット活用能力習得と有害情報フィルタリングソフトの能力向上・普及などを目指した「青少年インターネット環境整備法」が制定された。

第 4 節　ソーシャル・メディアの時代

4-1　2010〜　リアルの意味

　世界中の任意の 2 人は 6 ステップでつながっているという「6 次の隔たり」は古くから人口に膾炙してきた。2011 年，Facebook とミラノ大学による共同調査の結果，Facebook 内の任意の 2 人を隔てる次数は平均 4.74 人になったという調査結果が発表された。2008 年の時点では平均 5.28 人であったことから，少なくとも Facebook を介することで世界は「6 次の隔たり」より狭くなっていることが示された。このようにソーシャル・メディアの発展，普及は人間関係や構造を可視化・グラフ化することを可能にし，それまで数学の領域であったグラフ理論・ネットワーク理論を人間関係にも応用し，社会におけるつながりの構造，影響をより実証的に研究することへの道を拓いた。90 年代から 2000 年代にかけてのネット社会は実際の社会での機能や活動，すなわち「リアル」をインターネット上で再現しようとしてきた歴史であるとするならば，2010 年代以降は「ネット」と「リアル」が相互に影響を与え，さらに融合し

ていく時代であると言えるだろう。

　2008年のアメリカ大統領選挙でオバマ陣営はソーシャル・メディアを積極的に活用し，投票や寄付を呼びかけ，勝利を収めたと言われている。また2012年の選挙においてもオバマ陣営はソーシャル・メディアやビッグデータの分析などテクノロジー・チームとして2008年選挙と比べて10倍もの人員を動員するなどソーシャル・メディアの影響力を重視している。このように2010年前後はソーシャル・メディアが実際の社会に影響を及ぼしつつある萌芽が見られた時期であった。

　このような萌芽は政治や経済，教育などの社会政策だけではなく革命やデモなど市民から働きかける社会運動にもつながっていった。2010年から2012年にかけて「アラブの春」と呼ばれるチュニジア，エジプトなど中東での一連の民主化運動においてもFacebookやTwitterを中心としたソーシャル・メディアが大きな役割を果たしたとされる。これらの国々では独裁政権が続いており，新聞，テレビなどのマスメディアは政府の管理下にあり，自由な報道ができなかった。そのため，デモなどはソーシャル・メディアによって呼びかけられ，またその様子が拡散されることによって，徐々に国内外の反響と共感を得ていった。また，アメリカでは2011年に「ウォール街を占拠せよ(Occupy Wall Street)」運動が起こった。2008年のリーマン・ショック以後，職に就けない若者たちを中心に，アメリカのわずか上位1％が富のほとんどを占めていることに対し，自分たちを「We are the 99％」とし，政府や富裕層に対してニューヨークのズコッティ公園に座り込み，デモや集会を行った。この活動はニューヨークだけでなく，全米にも広がったが，ここでもFacebookやTwitterなどソーシャル・メディアが大きな役割を果たした。日本では2011年に起こった東日本大震災におけるソーシャル・メディアの役割が象徴的である。被災地の情報や募金・協力の呼びかけなどをTwitterやFacebookで拡散・共有し，またテレビのニュース放送も臨時にYouTubeで放送するなど，テレビや新聞，ラジオといったマスメディアに加える形で情報拡散・流通を支える社会インフ

ラとしてのソーシャル・メディアが存在感を示した。また震災による東京電力福島第一原発事故から東京を中心に反原発デモが行われるようになったが，こうしたデモの呼びかけ，組織，またその拡散などにソーシャル・メディアの果たした役割は大きかった。伊藤昌亮（2012）が指摘するように，これらの社会運動はソーシャル・メディアを前提としたアプローチやスタイルによって「社会を創り出す運動」としてとらえることができるのである。

　また，アイデアや企画の実現に必要な資金や支援の提供をインターネットによって呼びかけるクラウド・ファンディング（Crowd Funding）もこうした動きのひとつとして位置づけられるだろう。2009年にアメリカで設立された「Kick Starter」や日本では2011年に設立された「READYFOR?」などをはじめ，2010年前後には多くのクラウド・ファンディングが設立され，さまざまなアイデアや企画を実現させている。一方で，ふとしたきっかけからTwitterやブログが「炎上」し，住所や写真が「晒される」ことで個人が特定されるといったサイバー・カスケードも枚挙に暇がない。こうしたインターネット，とりわけソーシャル・メディアによってポジティブ／ネガティブにかかわらずより柔軟に，大規模に結集することが可能になった大衆（crowd）の力はネット社会において前述したクラウド（cloud）・コンピューティングと並び重要な要素となっている。

　以上の事例からも示されるように，ネット社会においては「リアルな社会」と「ネットの世界」とが二項対立的にとらえられるのではなく，それぞれが影響し合いつつ社会が構成されている。そしてモバイル・メディアの発展はこれらをより加速させている。IDC（International Data Corporation）の調査によると，2013年にはタブレットの出荷台数がノートPCを上回り，2015年にはデスクトップも含めたPC全体を上回るという見込みであるという。アイサプライ社の調査で，2008年にノートPCの出荷台数がデスクトップを上回ったと言われていたことと合わせると，わずか5年でそのノートPCもタブレットに追い抜かれることになる。このようなタブレット，さらにスマートフォンの普及によ

ってコンピュータは「モバイル(持ち運べるもの)」にとどまらず，Google が開発する眼鏡型端末「Google Glass」やソニーの開発する腕時計型「スマートバンド」など「ウェアラブル(身に付けられるもの)」なものになっていくだろう。以上のようなモバイル・メディア，ウェアラブル・メディアと Bluetooth, wi-fi など無線技術を前提として，現実空間にさまざまなデジタル情報を重ね合わせる AR (Augmented Reality：拡張現実)技術の進展も目覚ましい。こうした技術的な背景から現実の物理的な空間に情報技術によってさまざまな意味が流れ込んでくる状況を鈴木謙介(2013)は「多孔化」と呼んでいる。鈴木は「多孔化」した空間においては情報による多重の意味付けを可能にし，同じ空間にいても人によってその意味付けが異なることがありうるため，そこにさまざまな葛藤や対立が生じる，と言う。そういった意味で，今後のネット社会においては「リアル」と「ネット」を切り離すのではなく，それぞれが互いを前提としつつ，融合したものとしてとらえることが重要になってくるのである。

4-2　ビッグデータ

　ネット社会においてコンビニの POS データ，ネットショッピングでの購買記録，個人の医療情報またスマートフォンなどモバイル・メディアにおける SNS のコメントや位置情報など産業，生活に関する多様で莫大なデータを収集することが可能になった。実際に，2013 年の総務省「情報流通・蓄積量の計測手法の検討に係る調査研究」によると，日本で流通しているデータ量は 2005 年の約 0.4 エクサバイトから 2012 年には約 2.2 エクサバイトとなり，2005 年から 2012 年にかけて流通量は 5 倍以上になっている。また IDC の調査によると世界全体では 2012 年時点で 2.8 ゼッタバイト(2,800 エクサバイト)であるデジタル情報量が 2020 年には 40 ゼッタバイトにまで達すると予想している。これらのデータは量的にも，質的にもこれまで取り扱えなかったデータ，「ビッグデータ」と呼ばれ，飛躍的に高まったコンピューティング能力によって，ビジネス，あるいは個人のニーズなどに活かすべく，さまざまな試みがなされて

いる。2012年度版の「情報通信白書」にはすでにビッグデータへの言及がなされており，多量性，多種性，リアルタイム性をその特徴として挙げている。ビッグデータの活用が進むことにより，処理しきれないほど増大する役に立たない情報，すなわち「ノイズ」を避け，個人の志向やニーズにあった形にカスタマイズされた情報の提示やサービスといった恩恵をうけることできるが，一方で本人の許諾を得ない個人情報の収集，収集した個人情報の漏洩など個人情報の取り扱いとのトレードオフになっていることは留意すべきである。

　「Facebook」や「Twitter」はスタートこそ若者たちの「ささやかな」アイデアであり，試みであったが，その後爆発的に普及し，巨大な社会インフラとなった。その過程においては，より多くのユーザーを取り込もうと，さまざまな機能が追加され利便性を増す反面，最初にあった刺激や魅力が減少するというジレンマが生じることになる。現在では親しい友達同士など閉じたコミュニティでのコミュニケーションに向いている「LINE」，恋人など2人だけのSNSとして特化している「Between」や「Party」，ビジネスに特化したSNSである「LinkedIn」など目的やコミュニティに応じた使い分けもなされるようになった。また写真共有サイト「Pinterest」，6秒に制限された動画投稿アプリ「vine」など写真や動画といったメディアによる使い分けも進みつつある。このように，ネット社会における移り変わりのスピードはますます加速度を増している。

　本章では高度情報化社会からネット社会に至るまでをおおまかにスケッチしてきた。産業・社会論として検討されてきた高度情報化社会論に対し，1995年以降のネット社会では産業・社会はもちろん，つながりやリアルの意味などわれわれの生活そのものにも大きな変容をもたらした。本章以降ではこうした流れを踏まえつつ，家族関係，学校・教育，職場・組織，コミュニティ（地域），政治のそれぞれの領域で起こっている変容を具体的に見ていく。

■ 注

　1) 2004年にはアルファブロガー・アワードが始まり，2004年には「極東ブログ」

や「やまもといちろう BLOG」が，2005 年には「きっこの日記」「404 Blog Not Found」などが受賞している。アルファブロガー・アワードは 8 回目を迎えた 2012 年に最終回となり，それまでの受賞ブログをアルファブロガー・リストとして公開している。
〈http://alphabloggers.com/2011/alphabloggerlist.html〉
2)「Twitter」「Facebook」とも日本語版は 2008 年にスタートした。
3) chaco の『天使がくれたもの』は 2005 年に書籍化，2007 年に映画化，美嘉の『恋空』は 2006 年書籍化，2007 年に映画化された。またこれ以前に Yoshi の『Deep Love』(2002 年に書籍化，2004 年に映画化)のヒットもあり，Yoshi の『Deep Love』前後を「第 1 次ケータイ小説ブーム」，chaco『天使がくれたもの』，美嘉『恋空』前後を「第 2 次ケータイ小説ブーム」と区別することもある。
4) 1994 年の阪神淡路大震災の際，被災地やボランティアに関する情報伝達・拡大・共有においてパソコン通信が利用されたことから，災害におけるインターネットの重要性は 90 年代から指摘されていた。

引用・参考文献

伊藤昌亮(2012)『デモのメディア論』筑摩書房
梅棹忠夫(1963)「情報産業論―きたるべき外胚葉産業の時代―」(『放送朝日』1963 年 1 月号，朝日放送)および梅棹忠夫(1988)『情報の文明学』中央公論新社
小松崎清介(1984)「高度情報化社会の展望」日本新聞学会『新聞学評論』33 号
鈴木謙介(2013)『ウェブ社会のゆくえ―〈多孔化〉した現実のなかで』NHK 出版
通産省重工業局情報産業室編(1969)『情報化社会へ向かって』コンピュータ・エージ社
津田大介(2009)『Twitter 社会論―新たなリアルタイム・ウェブの潮流』洋泉社
林雄二郎(1969)『情報化社会』講談社
増田米二(1968)『情報社会入門』ぺりかん社
増田米二(1980) *The Information Society as Post-Industrial Society*, Institute for the Information Society.(増田米二，1985『原典情報社会』TBS ブリタニカ)
松下慶太(2012)『デジタル・ネイティブとソーシャルメディア―若者が生み出す新たなコミュニケーション』教育評論社
美ノ谷和成(1989)「情報社会論の展開」前納弘武編『現代社会の社会学』中央大学出版部
文部科学省(2008)「青少年が利用する学校非公式サイトに関する調査報告書」
〈http://www.mext.go.jp/a_menu/sports/ikusei/taisaku/1262855.htm〉

Anderson, C.（2009）*Free: The Future of a Radical Price*, Hyperion.（小林弘人監修・高橋則明訳，2009『フリー——〈無料〉からお金を生み出す新戦略』日本放送出版協会）

Bell, D.（1973）*The Coming of Post-Industrial Society*, Basic Books Inc.（内田忠夫他訳，1975『脱工業社会の到来』ダイヤモンド社）

Botsman, R., Rogers, R.（2010）*What's Mine Is Yours: The Rise of Collaborative Consumption*, Harper Business.（小林弘人監修・関美和訳，2010『シェア〈共有〉からビジネスを生み出す新戦略』日本放送出版協会）

Castells, M.（2001）*The Internet Galaxy: Reflection on the Internet Business, and Society*, Oxford University Press.（矢澤修次郎・小山花子訳，2009『インターネットの銀河系——ネット時代のビジネスと社会』東信堂）

Drucker, P. F.（1969）*The Age of Discontinuity*, Harper & Row.（林雄二郎訳，1969『断絶の時代』ダイヤモンド社）

Gansky, L.（2010）*The Mesh: Why the Future of Business Is Sharing*, Portfolio Hardcover.（実川元子訳，2011『メッシュ すべてのビジネスは〈シェア〉になる』徳間書店）

Jarvis, J.（2011）*Public Parts: How Sharing in the Digital Age Improves the Way We Work and Live*, Simon & Schuster.（小林弘人監修・関美和訳，2011『パブリック——開かれたネットの価値を最大化せよ』NHK出版）

Machlup, F.（1962）*The Production and Distribution of Knowledge in the United States*, Princeton University Press.（高橋達男・木田宏監訳，1969『知識産業』産業能率短期大学出版部）

O'Reilly, T.（2005）*What Is Web 2.0 Design Patterns and Business Models for the Next Generation of Software*, O'Reilly Media〈http://oreilly.com/web2/archive/what-is-web-20.html〉

Porat, M.（1977）*The Information Economy: Definition and Measurement*, U. S. Department of Commerce.（小松崎清介監訳，1982『情報経済学入門』コンピュータ・エージ社）

Putnam, R. D.（2000）*Bowling Alone: The collapse and revival of American community*, Simons & Schuster.（柴内康文訳，2006『孤独なボウリング』柏書房）

Toffler, A.（1980）*The Third Wave*, William Morrow & Company, inc.（徳岡孝夫監修，1980『第三の波』日本放送出版協会）

第2章

家族関係の情報化

第1節 身近すぎて見えない「情報化」

　本章では，家族関係の情報化，特にケータイ・スマートフォンを中心としたモバイル・メディアの普及が家族関係・家庭に与えた意味と可能性を考えたい。

　日本のモバイル・メディアの普及は，1990年代半ばに本格化した。すでに多くで語られていることではあるが（たとえば，富田英典ほか，1997），この頃の初期のモバイル・メディアの普及は，若者たちによる「革命」だった。「ポケベル」と呼ばれたページャーや，PHS・携帯電話を利用したメッセージのやりとりによる若者たちの新たなコミュニケーション形態が，メディアを提供する大人たちの想像を超えた新たな文化を生み出していた。社会的・経済的に見れば弱者であるはずの若者たちが，その後，日本が世界に向けて発信していくサブカルチャーの担い手として魅力に満ちた文化をつくり，その後を追うように大人たちがメディアを，新たなビジネスを生み出していったのである。

　当時，駆け出しの研究者であり，まだその「若者」の端くれだった筆者は，この状況に対してとても興奮していた。メディア研究の道を選んだのは，この「革命」をリアルタイムに，当事者として体験できたことが大きかったように思う。ただ同時に，「若者たち」に限ってモバイル・メディア普及のインパクトを研究テーマにすることにも抵抗を感じるようになっていた。この頃，若者たちのモバイル・メディア文化は，新しく，そして特異なものとしてマスコミ

などで喧伝されはじめていた。しかし2000年代に入ると，携帯電話はメールの送受信やインターネットへの接続機能も備えた「ケータイ」として，若者たち以外の広い層にも，コミュニケーション・生活インフラの一部として普及しはじめていた。決して「ケータイ」は若者たちの専売特許ではなくなっていたのだ。

　もし，ケータイが若者たちだけのものではないのであれば，本当に大きくそして意味のあるケータイ普及のインパクトは，もっとも身近な領域で起こっているのではないかと当時の筆者は考えていた。岡田朋之・松田美佐(2002)は，ケータイは身近過ぎて見えにくい「ヴァナキュラー／Vernacular」(Illich, 1981)なメディアであると述べている。そんなケータイの真価は，やはり身近すぎて見えにくい領域で発揮されるのではないかと考えたのだ。そんな「身近過ぎて見えにくい領域」の代表格として思いついたのが「家族・家庭」であった。

　そこから，筆者の「家族・家庭におけるケータイ利用研究」は始まった。まずは，当時家族の結束を壊す「敵」として報道される機会の多かった家族・家庭内でのケータイの利用を，先入観なく詳細に記述することに注力した。すると，そのなかで「新しい家族のつながりの形」が見えてきた。本章では，まずその「新しい家族のつながりの形」をよく示していると考えられる事例を，筆者が行った調査のなかから示したい。次に，その事例の意味を，家庭におけるメディア普及の歴史のなかで理解するために，国民的アニメとして有名な「サザエさん」の磯野家と「ちびまる子ちゃん」のさくら家を取りあげる。そして，それらのアニメ作品題材に「ケータイ以前」の家族・家庭の情報化の意味と影響を，先行研究における分析や理論とともに考察する。最後にこれまでの考察を踏まえ，「身近すぎて見えない家族・家庭」の情報化の現状と未来の可能性について言及してみたい。

第2節　家庭を超えて，家族をし続ける"家族"

2-1　新たな家族のつながり

　ここで「新たな家族のつながりの形」として取り上げるのは，神奈川県下のJRと複数の私鉄が乗り入れるターミナル駅のすぐ近くの一軒家に暮らす，当時17歳の高校生の女の子「サリナ」(仮名)と50代の母親のケースである。サリナは，くりくりとした大きな目とショートボブでまっすぐな髪の毛が印象的な元気な女の子で，インタビューを予定していた喫茶店には，彼氏と一緒に登場したのが印象だった。ひとりで行くと彼氏がヤキモチを焼くことも考え，その上でインタビューにはきっちり参加してくれる，配慮と行動力があるタイプだった。高校は，自宅の最寄り駅から電車で20分ほど行った駅の近くにある単位制の私立校であった。後に行った母親へのインタビューで知ったのだが，実は配慮や気遣いが大きくなりすぎることがあるようで，人間関係に悩み，地元の進学校を退学したうえでの編入とのことだった。そんなサリナにとって，家族の存在はとても大きかった。いつも自分を見守ってくれる尊敬する父親，優しく支えてくれる母親，よき相談相手の姉との関係とその大切さを，少し照れながら，でも生き生きと語ってくれた。そのなかで，特に印象的だったのが，母親や姉とのケータイでのやり取りが多かったことだ。姉は社会人でひとり暮らしをしていることから，相談したいことがあれば，メールや通話を多用していた。母親とは，夜遅くなったりすると「ご飯はたべてくるの？」「どこにいるの？」「誰といるの？」「いつ帰るの？」と，頻繁に連絡がくるので，多少の煩わしさと素直になれない部分を感じつつ，メールを活用して断続的に連絡を取り合っていた。

　この親子のインタビューでは，はじめに娘のサリナから話を聞いたのだが，実はこの時点で私はひとつ勘違いをしていた。母親とサリナとのやり取りを，「子どもが家の外で何をしているのか心配な母親と，それを受け入れつつも，少し

反発している思春期の娘とのせめぎ合い」だと考えていた。実際に、それまでインタビューをした他の親子でも、母親によるケータイを活用した家庭外での子どもの行動の「監視」や「コントロール」の努力は数多く見られていた。いわば、家族のマネージメントの中心を担う母親が、独立心の芽生えた子どもたちを、家族の中心である家庭に引き戻すための「糸」をつけているようなものだ。しかし、この事例では、こうした単純な「管理と反発」の構図では語りきれない部分があったのである。

娘の話を聞いた後、母親とも連絡を取り合い、後日インタビューをさせて貰った。最寄り駅近くのカフェで、待ち合わせをしていると、娘とよく似た大きな目と、少し世代を感じさせる緩いカールのセミロングで、細身の女性が現れた。当時流行っていた男性音楽グループの大ファンで、そのファン活動を通して知り合ったお友たちとライブに行ったり、町内会では役職について近所の方と交流を深めたり、とても行動的で自分の趣味や活動も楽しんでいる女性だった。しかし、家族のことや家庭のことを顧みないかというとそうではなく、むしろ少し不安定であぶなっかしい娘のことを、とても心配していた。

当然、母親は娘の学校のことや不安定な精神状況を把握していた。そして、それが心配の種だった。さらにそれ以外にも母親の心配の種を助長するような事態がたびたび発生していた。それが娘からのケータイを介したSOSだった。

母親は、サリナのバイト先での現状を教えてくれた。サリナは近所の飲食店でアルバイトをしていた。その職場は大学生ばかりで、最年少のサリナは会話に入れず、ひとりきりでいることが多かったようだ。そのサリナの様子をみて、大学生の同僚たちは「あの子、感じが悪いよね」とうわさをする。当然、感受性の強いサリナは、それに気づいて受け止めきれず不安定になる。そんな自分だけで消化しきれないことが起こると、サリナは決まって母親にすぐにメールをしていた。トイレに行くと言って、自分の時間と場所を確保し、そこで母親に、たとえば「今すごい落ち込んでいる」とメールをするのだ。バイト先に限らず、学校などでもひとりで受け止めきれないことが起こると、サリナはこの

SOSメールを，トイレなどから頻繁に母親に送っていた。母親は，それに対応するために，家のなかにいるときも，ケータイを肌身離さずポケットのなかに入れて持ち歩く。そして，娘からのSOSメールがくると，待ち構えていたかのように即返信をしていた。あまり頭ごなしに言うのではなく，優しく，まずは娘のことを受け入れるようなメールを心がけていますと語っていた。

このサリナからのSOSメールと，それに対する母親の対応は，一見，母親による「管理」のためのメールと同じように見えるが，1点決定的に違う部分がある。それは，場所に関する問題だ。管理のメールは，あくまで自宅とそこの内部に存在する家庭という「場」を基準としている。自宅内にある家庭という「自分がマネージメントする安心の空間」に家族を引き戻すことが最終的な目的である場合も多い。一方で，このSOSメールは，自宅とその内部の家庭という空間を前提としていない。仕事場や学校という，今まで家族・家庭が入り込む隙のなかった場所に，家庭空間を作り出し，今まで家庭内で行われていたような，家族の心身のケアを実現している。自宅にある家庭空間のなかで行われてきた，家族を成り立たせる家族としての活動が，物理的な空間を飛び越えた。彼らは家庭を超えて"家族"をし続けていたのである。

2-2　モバイル・メディアの情報化

こうした「家族と家族でありつづけるための行為の空間的な拡大」が起こるのは，モバイル・メディアの「いつでも・どこでも・誰とでも」という特性を考えれば，必然であるとも考えられる。しかし，当時の筆者にはその発想がなかった。家族にとって，自宅の内部にある家庭空間は，家族関係を維持するための聖域であるという固定観念を強く持っていたからである。それでは，そうした固定観念を作り出した先行研究のなかでは，家族・家庭のメディア受容や情報化はどのようなものとして考えられてきたのだろうか。次節では，国民的アニメの「サザエさん」における磯野家と，「ちびまる子ちゃん」におけるさくら家を題材に，ケータイ以前の家族のなかでの家庭におけるメディア受容・

情報化について考えてみたい。家庭におけるケータイ以前のメディア受容のあり方を理解することで，先の事例で示された「家庭を超えて家族をし続ける」ことの社会的意味を再考したい。

ここで取りあげる磯野家とさくら家の情報化については，小林義寛(2003)が，特にテレビの視聴形態の差異について，すでに議論している。本論では，この小林の議論を援用しつつ，テレビだけでなく電話の利用も視野にいれた分析を行う。さらに小林は，幸せな家族の象徴である「団らん」とテレビ視聴との関係に着目したが，この章では，家庭内の「権力」のありかたに着目し，家庭内でのメディア消費の変化について考えてみたい。

第3節　アニメのなかに見える家庭の情報化と構造の変化

3-1　磯野家とさくら家

なぜ，「サザエさん」における磯野家と「ちびまる子ちゃん」におけるさくら家を取り上げるかといえば，それが，一番私たちが想像しやすい「ケータイ以前」の家庭の姿だからである。サザエさんのアニメは，1969(昭和44)年に放送が開始された。したがって，現在の作では，時折，ケータイやパソコンが登場するが，あくまでエピソードごとのものであり，家のなかのしつらえは，アニメの放送開始当時やその少し前の時代，高度経済成長期只中の日本の家庭の面影をよく残している。居間には家具調のダイアル式テレビがあり，廊下には黒電話が備え付けられている。

一方ちびまる子ちゃんは，原作者の小学生時代を元に描かれたアニメであり，昭和50年前後が舞台となっている。たびたびテレビに映る山本リンダや，山口百恵が話題になる。テレビは，アンテナが付いた比較的コンパクトになったブラウン管テレビが居間に置かれており，電話はサザエさんの磯野家と同様に黒電話が廊下に置かれている。

一見同じように見える，サザエさんの磯野家とちびまる子ちゃんのさくら家の様子だが，実際に家庭内，特に食卓でのコミュニケーションを見ていくと，大きな違いが見て取れる。ここでは，まずそれぞれの家の食卓の様子と，そこから浮かび上がる情報化の違いを考えてみることにしよう。

　両者の食卓の違いを理解するために，この書籍のテーマである情報化の観点も合わせて，まずは，小林も議論した，テレビの存在に注目をすることにする。実は，この2つの家庭では，テレビの視聴のされ方がまったく異なるのである。

・磯野家の場合

　小林が指摘するように，磯野家ではテレビがおいてあるにもかかわらず，実はテレビを見ているシーンが描かれることは少ない。日本有数の高視聴率番組であり，日曜日の夕方の食卓を囲みながら見ている家庭も多いと思われるサザエさんであるが，サザエさん一家はテレビを見ていないし，食卓を囲みながら，テレビを見るなど言語道断な環境なのだ。

　サザエさんの食卓のシーンを想像して欲しい。サザエさんの食卓は，廊下側から窓を背景にするカメラアングルで居間の座卓を中心に描かれる。カメラアングルから見て居間の左奥には家具調のテレビが，右側にはタンスが置かれている。そして，座卓を囲むように家族が座るのだが，カメラ正面奥に左からフネ，波平夫婦が，食卓の左右に分かれる形で，左側にサザエ，右側にマスオ夫婦が，そして，背中をカメラには向ける形で正面に，左からタラオ，ワカメ，カツオの3人の子どもたちが座っている。この状況で，子どもたちがテレビを見たいといって，テレビを見はじめることを想像して欲しい。まず一番テレビの近くにいるのは，フネか波平のため，リモコンのないテレビをつけるのであれば，物理的にはフネか波平が適任者ということになる。フネやサザエは台所に立つことが多く，その場合は，波平にお願いせざるを得ないが，「厳格な父」であり「家長」である波平に，そういったお願いができないことは，容易に想像がつくだろう。もし実際にお願いしたら「ばっかもーーーん！　ものぐさを

せず…，そもそも食事の時は…」などとお説教が始まってしまいそうだ。そして，仮にテレビをつけることができたとしても，子どもたちは，常に波平越しにテレビを見ることになる。これは，落ち着かない。あまり見ていると，やはり「ばっかもーーーん！　食べるときは食べることに集中しなさい」などといったお説教が，やはり始まってしまいそうだ。

　実は，磯野家では，とかく食事を囲む食卓の場面においては，テレビへの接触が波平という存在によって物理的にも文化的にも遮断されている。メディア論や社会学の分野では，情報へのアクセシビリティ（接触可能性）という言葉をよく用いるが，磯野家では，食事時のテレビへのアクセシビリティが波平によってコントロールされているのである。

　スペイン(Spain, D.)は，性役割化された空間(Gendered Space)という概念を用いて，さまざまな空間のなかに埋め込まれた，男性と女性の権力構造を示している(Spain, 1992)。彼女が家庭を扱う際に例に出していたのは，家庭のなかの「知」の場所だ。知識を得ることができる書籍などは，多くの場合書斎に置かれる。そして，その書斎は男性の仕事場として利用されるため，女性は入ることが文化的に推奨されないか，もしくは禁止されていることが多い。空間的に，女性が知へアクセスをすることが制限されてしまうのだ。逆に，生活に必要な道具の多くは，女性が管理するキッチンなどに置かれることが多く，男性がアクセスすることは難しい。こういった空間的な構造が，男女の性役割分業をさらに固定化し，男性優位の権力関係をより明らかなものにしているとスペインは述べている。

　波平の「テレビ前」の座り位置の件に話を戻すと，いわばこの座り位置は，波平の家庭内での権力を示すものであるともいえるだろう。一方で，この位置を占めることによって，さらに家庭内での地位を確固たるものにし，再生産しているとも考えられる。いわば，磯野家の「映る機会のないテレビ」は，家長としての波平の権力の象徴であるとも考えることができるのだ。

・さくら家の場合

　さくら家の食卓は，比較的いろいろなカメラアングルで描かれるが，座り位置はほぼ決まっている。四角い座卓の入り口付近の側にまる子とお姉ちゃんが座り，入り口から遠い側には，おじいちゃんの友蔵夫妻が座る。そして，テレビが置いてある場所とは反対側に，父ひろしと母すみれが座っている。

　そもそも，この座り位置の時点で，磯野家とさくら家は異なる。磯野家においては，波平がテレビの視聴をもっとも制限する位置に座っていたが，さくら家においては，ひろしが，もっともテレビが見やすい位置に座っている。そして，野球のナイターや歌謡番組を見ながら，食事を囲む場面もたびたび描かれており，父親であるひろしの家庭内での立場の描かれ方がまったく異なっている。

　それでは，父ひろしの家庭内での立場は，食卓においてどのように形作られているのだろうか。その代表的な事例がまる子との「チャンネル争い」であろう。劇中では，ナイターが見たい父と，歌謡番組などが見たいまる子や他の家族との言い争いがたびたび描かれる。結局，多くの場合，父の意見が通り，他の家族もいやいやナイターをみることになる。この過程は，一見，父の持っている権力が見える(可視)化されているように見えるのだが，実は，磯野家における権力の可視化と比べて，随分と弱いものになっていると考えられる。

　そもそも，このチャンネル争いが起こった時点で，父ひろしは他の家族メンバーから「攻撃」される対象になっている。攻撃されながらも，強弁し，なんとか父としての権力を保っているのだ。また，チャンネル争いが起こっている時点で，そもそも「力」の所在が，交渉可能なものになっていることを示している。動かしがたい波平の威厳・権力とは対象的だ。カツオが，波平に対していろいろ働きかけることがあるが，基本的にそれらも，家長としての波平を立てたうえでの働きかけである。一方，さくら家において，確かに父ひろしは表面上の権力者である。しかし，その権力の所在は常に交渉・調整の対象になっており，いつそれが変わってもおかしくない状況にあるのだ。そうした家庭内の状況と構造を，テレビの視聴と食卓の様子が示していると考えられる。ちな

みに，平成を代表するファミリーアニメであるクレヨンしんちゃんでは，いろいろな形の食卓が描かれる。そのなかでも，しんちゃんが一番テレビが見やすいテレビの正面に座ることもあり，子どもが中心になることが多い現代の家族の姿が端的に描かれている。

実は，こうしたテレビの視聴形態と家族の関係性の維持・構築・再生産との関連性については，すでに多くの研究がなされている。たとえば，モーリー(Morley, D.)は，実際に家庭を訪問しての詳細な観察・インタビュー調査から，テレビを集中して視聴する男性と，家事の合間に分散的にしか視聴できない女性の違いを描き出し，そのなかで再生産される家庭内の権力関係や性役割を指摘している(Morley, 1996)。

3-2 技術決定論と社会構成主義

磯野家とさくら家，そしてクレヨンしんちゃんの野原家の違いをみると，「なぜ同じテレビなのに，それほど家族のなかでの利用のされ方や意味が異なるのだろうか」と不思議に思う人がいるかもしれない。この疑問に対する回答はシンプルで，技術が人の行動や文化を決定するわけではないということだ。あくまで，社会が先にあり，そのなかにすでに存在する価値観や必要性に沿った形で技術は，社会に導入される。ゆえにそれぞれの技術は，違った可能性を発揮しうるのである。前者のような考え方を「技術決定論」とよび，後者のような社会が先にありきの考え方を「社会構成主義」とよぶ。技術の社会的インパクトを考える際には，この「社会構成主義」の考え方が重要になる。

では，どのような過程を経て，技術は社会のなかに取り込まれていくのであろうか。シルバーストーン(Silverstone, R.)ら(1992)は，特に家族・家庭という個別の文化をもつ集団のなかに技術が取り込まれていく過程を，「家畜化(ドメスティケーション／Domestication)」というコンセプトを用いてモデル化した。

シルバーストーンらによれば，技術の家畜化には4つの段階がある。そもそも，技術は公の経済活動のなかで形作られる。そして，そのなかで発見された

一般的・社会的な価値や経済的価値を付与されて店頭に並ぶことになる。たとえば，テレビであれば，それがテレビ放送を受信する道具であり，同じ情報や体験をより多くの人びとに伝えるのに適した道具であること，そして数万円程度の経済的価値をもったものであるといったことが一般的な価値に当たるだろう。そうして，店頭に並んだ技術を，ある特定の人が購入することで，第1の変化が起きる。つまり，こうした公の価値から，技術がいったん切り離され，その購入者にとっての独自の価値をもつようになるのである。たとえば先のテレビであれば，家族団らんの道具としてテレビを考えている人であれば，テレビにそのような意味や価値が付与されるのだ。シルバーストーンはこの過程を，「占有(アプロプリエイション／Appropriation)」と名付けた。

そして占有された技術は，実際に家庭内の特定の場所に置かれ，その場所にある特有の存在感や効果を発揮するようになる。たとえば，先の磯野家のテレビの例では，波平の後ろにテレビが置かれることで，テレビは波平の権力をより印象づけるものとしての，意義や意味を強めていた。このような技術の物理的な空間への設置と，それによる意味の再編は「客体化(オブジェクティフィケーション／Objectification)」とよばれる。

次にくるのは，「結合(インコーポレーション／Incorporation)」とよばれる段階である。一度家庭内に技術・メディアが設置されると，それを参照・利用しながら，それまでも行われていたさまざまなコミュニケーションや活動が行われるようになる。そのコミュニケーションや家庭内での活動を通して，設置された技術が家庭内の文化を構築する相互行為のなかに具体的に取り込まれるのだ。そして，同時に，その家庭に特有の文化自体も変化していく。たとえば，さくら家の父ひろしが，対面においたテレビのチャンネルを，言い争いながら死守することで，かえって父としての威厳が失われていくのもこの過程であると考えられる。

上述した，占有と結合のプロセスは，何の意図もなく行われるわけではなく，あくまで，その家族・家庭がすでにもっていた価値観や文化を基盤として行わ

れる。ゆえに，昭和30年代後半から昭和40年代前半の高度経済成長期の真っ只中であり，家父長制的な価値観を色濃く残す磯野家では，その権力構造をさらに強くするような方向でテレビは利用されていたと考えられるし，昭和50年代に入り，安定成長期となり消費社会が一般化するなかで，それが薄れたさくら家では，むしろ父の権力を相対化する方向でテレビが利用されていたと考えられる。

ここまで，磯野家とさくら家の情報化の質的な違いと，それが生み出される要因について述べてきた。同じように見える両家には大きな違いがあることは理解して貰えたかと思う。しかし，両家に共通している部分もある。磯野家・さくら家いずれにもいえるのは，こうした家族を家族にするコミュニケーションや活動が，あくまで物理的な自宅の内部，つまり家庭空間を舞台に行われていることである。

しかし，当時ですら家族としての活動は「家庭内」に限って行われているわけではない。家族は外部の社会との関係とも相まって，はじめて家族でいられるのである。では具体的に，磯野家とさくら家はその外部とどのような関係をつくっていたのだろうか。

3-3 電話の果たす役割

この疑問に応えるため，外部の世界との架け橋である「(固定)電話」の存在と変容に着目し，磯野家とさくら家の電話の利用について記述してみたい。磯野家とさくら家では，先にも述べたとおり，電話は玄関から居間に続く廊下の途中に置かれている。電話を利用する家族メンバーは基本的にその廊下に移動し，電話が置かれたその場所で，通話をするということは，両家で変わらない。

つまり，磯野家もさくら家も，家族をつくる場・家族団らんの中心である「居間」に，電話は存在しないのである。家族の視点からみれば，電話は家庭内に家族とは違う関係性をもちこむことができる，家庭のなかにいながら家族外の人びとと交流できるメディアである。それはたとえば，仕事であり，同居家族

以外の親族であり，お店であり，ご近所づきあいであり，生活にはいずれも欠かせないものかもしれないが，家で団らんをすごす家族のコミュニケーションに水を差すものであることは間違いない。家の物理的な外部との接点・境界は玄関であるが，実質的な社会的な接点は何かを考えるとそれは，電話が置かれた位置だろう。人が家を訪ねてくる機会より，多くの家庭では，電話がかかってくる機会の方が多いと考えられる。つまり，家族の中心である居間のなかに電話を置いてしまうと，守るべき中心が，外部にさらされた状態になってしまう。しかし，利便性を考えると家の外に置くわけにもいかず，その中間として，廊下に置かれているとも考えることができる。

　もうひとつ，当時の電話の利用を考えるうえで大きかったのが，電話回線が家庭に1回線ずつしかなく，しかも通話をするとその電話回線を占有してしまうという電話の特徴である。電話は，家族共有の資源であり，誰かが占有するわけにもいかない。ゆえに誰もが利用できる場所で，手短に済ませるために，あまり落ち着いて利用できない「通過する場所」である廊下に電話が置かれていると考えられる。

　1995年から現在まで放映されている「ちびまる子ちゃん」の第2期36話に「まる子の長電話にみんな迷惑するの巻」という回がある(さくら，1999)。これは，長電話にはまってしまった主人公のまる子が友だちと長電話をしていて，お弁当が必要だという電話連絡網を受け取ることができず，まる子自身が翌日ひどい目にあうという話だ。翌日学校でお弁当が必要なことに気づき，公衆電話から電話をするが，家では前日のまる子の長電話で電話ができなかったおじいちゃん自身が長電話をしていて，電話がかからないというのが話の落ちである。このエピソードからもわかるように，この時代の電話は，あくまで家族がルールを守って利用する(そしてそれを守らなかった場合，それなりの罰が下る)共通の資源なのだ。それを，まる子は電話の前に座布団で枕を作り，お茶やお菓子を食べながら，まるで自分の部屋，プライベートな空間で利用するように使い，友だちとの会話を楽しんでいた。この，まる子の行動は，当時の時代背景のな

かでは，ルール違反だったのかもしれない。しかし，この後の時代を考えるうえでは，実に示唆的である。

3-4 家族の情報化としての電話の位置づけ

吉見俊哉・若林幹夫・水越伸(1992)は，この家庭内での電話の受容の時代的な変化について，電話の普及時からコードレス化までの流れを詳細にまとめている。彼らの議論を簡単にまとめると以下のようになる。そもそも，電話が普及し始めた時代は，一家に1台ではなく，ご近所で電話は共有していた。ゆえに，電話の置き場所は，外から利用しやすい玄関先に置かれることが多かった。この事実は，電話を共有し，玄関先にご近所の人をあげることもいとわない人間関係，近隣のコミュニティが存在していたことも間接的に示している。それが，一家に1台の時代になると，次第に玄関先から離れ，家庭の中心である居間と玄関との中間地帯である廊下に置かれるようになる。そして，さらに戦後の愛情による結束を重視する家族モデルの成熟が進むと，家庭外にいる家族と家庭をつなぐもの，家族のつながりの象徴として，家庭の中心である居間・リビングに置かれるようになっていった。

しかし，同時に進んだ個人化は，家庭内にいたとしても，常に家族の一員としての自分でいることを困難にした。まる子が家にいても，学校で楽しく友だちとおしゃべりする自分でありたかったように，どこにいても常に個人としての自分であることを，自ら希望するようになっていったのである。その結果，電話は再び家族の中心と距離を取る必要が出てきた。家族同士で電話を使う時は，居間・リビングで利用するのはむしろ望ましいが，個人として使う時は，居間やリビングでは息苦しいのだ。初期は，その息苦しさの問題を，コードを長くし，必要な時だけコードを伸ばして，居間やリビングから出ていくという形などで解決をしていた。そして，最終的にはコードレス電話が普及し，子機が利用されるようになることで，各個室で電話が利用できるようになり，家庭のメディア環境的な個人化が一応の完成をみたのだ。まる子の，寝転んで，お

茶とお菓子を食べながらの長電話という理想が，回線占有の問題はあるにしろ，誰の目も気にせず実現できるようになったのである。

　吉見らの研究は，ケータイが本格的に普及する以前のものであり，ケータイの家族内での利用に関しては言及していない。しかし，ケータイを個人所有の電話として考えると，家族の個人化の流れにケータイは組み込まれ，さらに個人化の側面を強くする方に作用しているとも考えられる。コードレス電話で障害となっていた，回線の占有の問題さえも解決されるのだ。では，ケータイの普及は，家族の個人化を強化し，家族のつながりを弱めてしまうのだろうか。ここで，冒頭のエピソードを思い起こしてほしい。あのなかにあったSOSメールの事例は，逆に家族のつながりを強めているとも考えることができる。では，近年の家族の情報化の代表としても考えられるケータイは，家族からどんな理想を引き出し，家族にどんな影響を与えたのであろうか。

第4節　家族はBeing（そこにあるもの）かDoing（実践するもの）か？

4-1　ケータイの登場

　ケータイが普及したことで，たとえ家庭内にいたとしても，容赦なく家族以外の関係性が家族のなかに入ってくるようになった。家にいても仕事の電話は容赦なくかかってくる。食卓でも子どもたちは，友だちとのメッセージ交換に夢中である。しかし，逆も考えてみて欲しい。ケータイの登場によって，サリナのSOSメールのように，バイト先にいても，学校にいても，より直接的に家族を頼り，家族に支えられ，家族を支えることができるようになった。物理的な家庭の内部に，家族以外のものが進入してくるようになったと同時に，今まで個人にゆだねられていた物理的に家庭の外で行われる活動についても，家族が進出できるようになってきたのだ。家庭という物理的な場所を前提としない家族の姿も，現代のメディア環境のなかでは十分にありえる話だ。

ただし，こうした家族を維持するためには，常に肌身離さずケータイを持ち，娘からのメールに即答していた冒頭の母親のように，家族メンバー，一人ひとりの努力が必要不可欠となる。家族を支え，維持するためには，いつの時代も努力することが必要不可欠なものである。家族のために，汗水垂らして必死に働く親たちの話は，古今東西枚挙にいとまがない。しかし，家族間での「コミュニケーション」における努力がここまで必要になったのは，現代という時代がはじめてなのではないだろうか。

こうした家族の「コミュニケーション志向」は，実はケータイの普及からはじまった話ではない。松田美佐(2002)は，1980年代後半に，当時の電電公社が民営化する際に展開したキャンペーンのひとつである「カエルコール」に関して同様の分析を行っている。男性が，職場で仕事が終わった後，職場の電話から自宅に「今から帰るよ」と一報入れることを「カエルコール」と名付け，それを通信事業者として推奨したのがこのキャンペーンだ。松田はこのキャンペーンが一定の成果を挙げて，その後，「カエルコール」が一般化してくることについて触れ，家族の維持にコミュニケーション的な努力が必要になった証拠だと述べている。そもそも，このような「今から帰る」という連絡は，定時に終わる日であれば，合理的には不要なのだ。それでは，なぜわざわざ連絡をするかといえば，このコミュニケーションによって，「仕事中も家族のことは頭にあったよ！」「今から○○会社の社員から，××家のパパに戻ります」ということを間接的に家族に伝え，仕事中はできない家族への関与をいち早く明示するためなのだ。

こうしたコミュニケーションの努力を浮き立たせる事例として，松田は加藤秀俊(1957)が奈良県の伝統的な村落の家庭で行ったフィールドワーク調査の結果を引用している。加藤は，実際に家のなかで家族のコミュニケーションの様子を観察した。そして，そのほとんどが「あー」「うん」などのあいづちや感嘆詞であることを発見した。伝統的な社会における家庭では，特に言語によるコミュニケーションを必要とせず「そこにいて(Being)，そして労働する」だ

けで，家族でいられたのである。しかし，現代の日本では，家庭空間が以前のような聖域としての意味を失い，家族内での役割関係も分断・多様化しつつある。その環境のなかで家族を維持するためには，主体的な言語によるコミュニケーションを取り続けることが必要不可欠になっている。

　実は，コミュニケーション上の実践・努力によって構築されるつながりの一般化は，家族関係に限った話ではない。ギデンズ(Giddens, A., 1995)は，こうしたコミュニケーションによってのみ，構築・維持・再生産される関係性を「純粋な関係性」とよんで，社会的な流動性が高まり，所属によってアイデンティティが得にくくなった現代社会に特徴的な親密性・愛情の形であると述べている。さらに羽渕一代(2006)は，主に友人関係を例に，関係性を構築する再帰プロセス(コミュニケーションによる関係性の認識の繰り返しのサイクル)が，メディアの利用によって高速化しつつあることを指摘している。簡単に連絡が取れるようになったがゆえに，連絡を断続的に取り合い続けることでしか，つながりを確信できなくなってしまっているのだ。この純粋な関係性や再帰性の高速化に関する議論は，先ほどから議論している家族内の関係性の構築にもそのままあてはまる。現代社会において特徴的な関係性のあり方が，ケータイの利用などを通じて，家族においても一般化してきていると考えられるのである。

　ただし，物理的な家庭空間から解放されたこのような家族を，モバイル・メディアを活用しつつ築いていくうえではさまざまな問題も発生する。その一番大きなものが先ほどから述べているコミュニケーションの努力にかかる負担である。

4-2　家族・家庭の機能の変遷

　山田昌弘(2005)は，現在の家族・家庭が社会的に期待されている機能や責任は，どんどん縮小しており，残っているのは子育てと感情的な結合(心のよりどころとしての家族)であると述べている。そして，この子育てや感情的な結合といった家族がもつ役割を果たすうえでは，現代の性役割に関する社会的規範を考えると，女性が中心的な役割を果たさざるをえない現状がある。

松田美佐・土橋臣吾・辻泉(2014)による全国規模の質問紙調査の報告で，ケータイを利用した家族のマネージメントの実施状況の社会的属性による差異に関する分析がある。それによれば，家族へのケータイの通話・メールを使った連絡率は，男女とも，結婚をすると有意に上昇することが分かっている。特に男性の上昇率が高く，男性も家族を作り上げるうえで必要なコミュニケーション上の努力をしっかりと行う傾向が強まっていることがわかる。
　一方，女性は結婚を機に親族とのケータイを利用した連絡を行う比率が有意に上昇する。また，「家族が関連する団体や，そのメンバーからの連絡用としてMLに登録している」と答えた人の割合や，「家族が関連する団体やそのメンバーとの連絡のために，自分の携帯電話やメールを使う」と回答した割合が，結婚を機に有意に大きくなる。
　このデータが示しているのは，家族のメンバー内の結合を保つ努力は，男女差なく行われているが，外部とコミュニケーションを取りながら家族・家庭をマネージメントする努力は，主に女性によってなされることが多いということだ。就業状況の違いによってこうした状況が発生していると考えることもできる。しかし，有職者に限ってみても，家族のための家庭外部とのコミュニケーションについては，女性の方が多い。やはり，特に家庭のマネージメントという面において，社会的に女性が期待されている役割は大きいのである。しかし，女性たちは(男性たちもだが)，他の家事や自分の仕事をこなすだけでも，もう十分に忙しいのだ。時間的に制限された環境のなかで，ケータイ・スマホを片手に，他の家族が家庭外にいても常にコミュニケーションを取りつつ，家族の時間的・心情的なマネージメントを行い続けるのは非常に困難である。
　このようなケータイやスマホなど家庭への普及の現状を，ジェンダー的目線から見れば，洗濯機・掃除機・冷蔵庫などの白物家電の普及時と同様の現象が起こっていると考えて間違いないだろう。コーワン(Cowan, R. S., 2010)は，年代を追った詳細な分析から，家事を楽にするために開発され，普及した白物家電が，逆に愛情を重視する家族形態の一般化に引っ張られる形で，家事の要求

水準をあげることに寄与していることを指摘している。そして，逆に白物家電の普及により，母親たちの家事従事時間が延びてしまったと結論づけた。

　土橋臣吾(2006)が指摘する通り，隙間の時間に利用できるケータイなどのモバイル・メディアは，家庭内で同時・並列的に行われる家事労働に対して，場所が固定されるテレビなどと比べても相性がよい。洗濯機を回し，夕食の下ごしらえをしながら，掃除機を使っていても，ケータイ・スマホをポケットのなかにさえ入れておけば，娘からや，学校など子どもに関連している連絡のメッセージを受信してすぐ見ることができるし，隙間の時間を見つけて返信することも可能なのだ。技術が発達し，それが一人ひとりの能力を拡張すると，これまではできなかったことができるようになる。しかし，できてしまうからこそ，そして望まれているからこそしてしまい，これまでよりも結果的に負担が大きくなる。このようなことが，ケータイやスマホを中心とする家族の情報化により，主に現状では家族のマネージメントを任されることの多い女性たちに多く起こってきているのである。

第5節　家族で起こる Being（静的な関係性）と Doing（動的な関係性）のぶつかり合い

5-1　家族関係の情報化

　これまで，磯野家，さくら家の分析や，実際のフィールド調査のケースを通して見てきた通り，家族関係の情報化は，家族の，家庭という固有の空間の内部に存在する Being な（そこにある）ものから，家庭という空間を超える Doing な（実践する）ものへの変化と一緒に起こっていることが分かった。

　しかし，最終的に，家庭に行けばそこにある家族が失われ，どこに行っても家族をし続ける家族に全面的に移り変わるかといえば，実はそうではない。どこにいても家族をし続けることは，時に負担が大きすぎるからだ。

　天笠邦一(2010)は，子育てを行っている母親のメディアの利用状況と，周囲

で彼女を支えている人的な支援ネットワークの関係性について質問紙調査を行った。その調査では，ケータイを積極的に利用すると人間関係が拡大し，周囲から多くのサポートを受け取れるため，子育ての満足度が上がり，不安が減少するという一連のメディア利用のサポート効果が明らかになった。しかし，このメディアを介したコミュニケーションによるサポート効果は万能ではなかった。より詳細な分析を行った結果，多くが共働きで働く保育所を利用する母親たちは，つながりをつくるためのケータイの積極的利用自体が負担になり，周囲からのサポート効果が打ち消されてしまうことが明らかになった。つまり，家族の時間的・経済的な状況の違いにより，どういった関係性が家族のマネージメントに求められるかが，真逆になってしまうのだ。

また，どこに行っても家族をし続ける，Doing な家族であることの難しさには，家族に対する価値観も絡んでくる。基本的に，コミュニケーションの努力によって成り立つ家族は，ギデンズの「純粋な関係」という言い方からもわかるように，上下のない水平な関係をもつことが多い。斎藤嘉孝は，ケータイを持ち始めた小中学生の意識と，コミュニケーションの実態に関する調査を行った。結果，友だちのような関係を求めている親子では，子どもがケータイをもつことで，対面でもコミュニケーション量が増大する。一方，友だちのような関係を求めない親子では，ケータイの導入はコミュニケーションを促進しない方向に働く傾向があることを指摘した(斎藤, 2005)。つまり，もともと水平な家族をつくるという価値観を持っていなければ，ケータイを介したコミュニケーションの努力によって家族を構築・維持・再生産していくことも難しいのである。

ケータイやスマホなどのモバイル・メディアの普及は，確かに Doing（コミュニケーション実践）型の家族が生まれやすい環境を作り出している。しかし，労力的な側面を考えても，価値観的な側面を考えても，簡単にすべての家族が Doing 型の家族に移り変わることは考えにくい。確かに近年普及したスマートフォンで利用する LINE などコミュニケーションアプリは，一つひとつのメッセージをより容易に送信できる。また，スタンプとよばれるイラストコミュニ

ケーションにより，言葉によらずとも，より豊かな感情表現が可能になっている。しかし，それでもコミュニケーションにかけられる負担には限界がある。一番現実的なのが，社会全体としても各々の家族としても，Being と Doing の最適解を，さまざまな試行錯誤を通して見つけていくことだろう。

5-2　家庭内におけるケータイを活用した関係性の調整

　最後に，上記で述べた Being と Doing の家庭内における調整にケータイが活用されている事例を，筆者が行ったフィールドワーク（Amagasa, 2005）の結果から紹介する。

　調査当時17歳だった女子高校生ユリ（仮名）は，50代の専業主婦の母親，広告代理店に勤務する父親と20代前半の大学生の姉と4人で，東京から1時間弱の距離の海沿いにある高級住宅地に暮らしていた。自宅は二階建てで広いベランダがあり，比較的ゆったりとした家のつくりである。非常にはきはきと話すタイプで，周囲の女友だちからも，慕われているタイプだったようだ。ユリの家庭は，父親が忙しく家庭にいることが少ないが，いる時は父親らしい父親であり，休日はリビングのテレビを，娘のユリが言うには「偉そうに」独占して見ていた。こうした状況から，当初ユリの家族は父親を含む家族間の関係性が安定しており，それが家庭空間内で適切に表現されている Being な家族だったことがうかがえる。

　ところが最近，その事態に大きな変化が起こった。父親の浮気が家族にばれたのだ。以来，父親は家にいる時も自室に引きこもり，リビングなどの家族の空間に出てこなくなってしまった。いわば，家庭空間のなかで家族の関係を表現するためのもっとも基本的な要素，基準点がなくなってしまったのである。ちなみに，父親の浮気を発見したのは，ユリであった。リビングにいても自室に置いたままにしていたケータイを不審に思い，メールを覗いたのだ。浮気相手とのメールを見て，大変ショックだったようで，父親のケータイは見たくもないと語っていた。

一方で，母親のケータイは，父親のケータイとは逆の意味でユリにとっては特別なものだった。ユリは最近リビングにいることが多い。父親がリビングにいることが少なくなり，いやすくなったこともあるが，難しい家庭環境のなかで，自室にずっといるのがさびしいということもあったようだ。母親はリビングで家事をしていることもあるが，基本的には家事をするために自宅のなかを動き回っている。ゆえに，いつもリビングで一緒にいられるわけではないが，少なくとも自室にいるよりはリビングにいる方が人の気配を感じられていた。さらにいえば，リビングにいれば，母親のケータイと一緒にいることができるのだった。実は母親のケータイは，父親のケータイとは対照的に，リビングルームに置かれていることが多く，しかもユリが勝手に操作することができた。もちろん，ユリも自分のケータイを持っていたが，それとは別に，よく姉や親族，近所など，知り合いから着信する電話やメールを母親の代わりに受けて，返答をしていた。そして，別の部屋で家事をしている母親に「○○さんから××っていう連絡があったよ」と伝えに行くのだ。
　Being な家族の安定を失ったユリは，その代わりとして，母親や家族と，言葉によるコミュニケーションを，努力して直接たくさん取っていたわけではない。しかし，それでも問題はなかった。むしろ，家族を再構築するコミュニケーションに必要以上の努力を要していては，精神的に難しい状況のなか，さらに大変な思いをしていたかもしれない。ユリは，ケータイという「モノ」の共有を通して，労力をかけず，母親とのつながりを，強く実感するに至っていたのだった。
　このような事例を見ると，情報化によって，家庭空間に縛られない Doing なコミュニケーション実践型の家族が一般化したからこそ，逆に負担が少ない形で家族の関係を調整できる家庭空間の意義と役割が大きくなってきていることがわかるだろう。当たり前のことだが，家族は一緒にいるだけでも，言語によるコミュニケーションを取るだけでも完成はしないのだ。時間・場所・モノを共有するなかで，その都度，家庭空間はその意味を変え，家族が形作られてい

くのである。

5-3 家族の情報化

　本章では，家族関係の情報化について，テレビ・電話の時代の変化を比較対象に，主にケータイの受容によって起こった家族関係の変化について議論を進めてきた。結論からいえば，家族関係の情報化は，Being な家族から Doing な家族への変化を促進し，どちらかといえば家族に関わる人びとの負担や課題を増やす形に作用してきたといえる。これは，現代社会において，家族への期待が大きいことの裏返しでもあるだろう。数理統計研究所(2014)によれば，「家族を一番大切だ」と考える人の割合は，もっとも古いデータである 1958 年は 12％だったものが，2008 年の調査では 46％まで伸びている。家族が大切であればあると思うほど，かけてもよいと思う労力は大きくなる。そして労力をかければかけるほど，これだけ頑張ったのだからと，家族に対する思いは強くなる。そういった「家族主義」の相乗効果が，家族の情報化の作用の方向性を決めていたのではないだろうか。

　しかし，確かに家族は社会のなかで重要な社会集団のひとつであるが，それぞれの家族がさまざまな背景をもち，いろいろな形がありうることも事実であり，かけるべき最適な労力の大きさは，さまざまであるはずである。最後にあげたユリの事例などは，その典型だろう。それを考えると，今後，家族の情報化は，家族に関わる負担や課題を減らす方向にも，働きうるものと考えられる。そのような志向性が，家族のなかでも出てくるのではないだろうか。コミュニケーションの努力のなかで，家族を語る・理解するのではなく，家族を少ない労力で無意識に感じられるようなメディア・情報化が，今後は求められるのではないだろうか。

引用・参考文献

天笠邦一(2010)「子育て期のサポートネットワーク形成における通信メディアの役

割」『社会情報学研究』vol.14（1）
岡田朋之・松田美佐編（2002）『ケータイ学入門―メディア・コミュニケーションから読み解く現代社会』有斐閣
加藤秀俊（1957）「ある家族のコミュニケイション生活：マス・コミュニケイション過程における小集団の問題」『思想』vol.392，岩波書店
小林義寛（2003）「テレビと家族―家族視聴というディスクールを巡って」小林直毅・毛利嘉孝編『テレビはどう見られてきたのか？―テレビ・オーディエンスのいる風景』pp.68-84，せりか書房
斎藤嘉孝（2005）「家族コミュニケーションと情報機器―小中学生とその親における携帯電話の使用状況」『情報通信学会誌』vol.23（2）
さくらももこ（1999）『おはなし　ちびまる子ちゃん　第4巻』集英社
数理統計研究所（2014）「国民性の研究 ss2 #2.7　一番大切なもの」
〈http://www.ism.ac.jp/kokuminsei/table/data/html/ss2/2_7/2_7_all.htm，2015/2/27 閲覧〉
土橋臣吾（2006）「家庭・主婦・ケータイ―ケータイのジェンダー的利用」松田美佐・岡部大介・伊藤瑞子編『ケータイのある風景―テクノロジーの日常化を考える』北大路書房
富田英典・藤本憲一・岡田朋之・松田美佐・高広伯彦（1997）『ポケベル・ケータイ主義！』ジャストシステム
羽渕一代（2006）「高速化する再帰性」松田美佐・岡部大介・伊藤瑞子編，前掲書
松田美佐（2002）「ケータイ利用から見えるジェンダー」岡田朋之・松田美佐編『ケータイ学入門』有斐閣選書
松田美佐・土橋臣吾・辻泉（2014）『ケータイの2000年代―成熟するモバイル社会』東京大学出版会
山田昌弘（2005）『迷走する家族 』有斐閣
吉見俊哉・若林幹夫・水越伸（1992）『メディアとしての電話』弘文堂

Amagasa, K. (2005) "The Emergence of Keitai Family: Inner Constructions of Today's Family from the Viewpoint of Keitai Use", by Kristof Nyiri ed., Seeing, Understanding, Learning in the Mobile Age, The Mobile Information Society.
Cowan, R. S. (1983) *More Work for Mother*, Basic Books.（高橋雄造訳，2010『お母さんは忙しくなるばかり―家事労働とテクノロジーの社会史』法政大学出版局）
Giddens, A. (1992) *The transformation of intimacy: sexuality, love and eroticism in modern societies*, Polity Press.（松尾精文・松川昭子訳，1995『親密性の変容―近代社会におけるセクシュアリティ，愛情，エロティシズム』而立書房）

Illich, I. (1981) *Shadow Work*, Marion Boyars.(栗原彬・玉野井芳郎訳, 1990『シャドーワーク―生活のあり方を問う』岩波書店)

Morley, D. (1986) *Family Television: Cultural Power and Domestic Leisure*, Routledge.

Silverstone, R., Hirsch, E. and D. Morley (1992) "Information and communication technologies and the moral economy of the household", by Silverstone, R. and E. Hirsch, *Consuming Technologies*, 15-31, Routledge.

Spain, D. (1992) *Gendered Spaces*, Univ. of North Carolina Press.

第3章 教育・学習の情報化

第1節 ネット社会における教育・学習の方向性

　現代社会においてコンピュータ・インターネットは欠かせないものとなっている。それは教育・学習といった領域でも例外ではない。むしろ，もっともその影響を受けている領域であるとも言える。たとえば，電子黒板やタブレットを使う授業も多くなってきている。予備校などでも授業をインターネットを介して映像で配信する形態は珍しくはなくなった。このように教育・学習にコンピュータ・インターネットが導入されていく流れは「教育の情報化」と総称される。

　本章ではコンピュータ・インターネットの発展と教育・学習とがこれまでどのように関係しつつ展開してきたのかを概観したうえで，現状と今後の可能性について検討する。具体的には特にアメリカにおける CAI (Computer Assisted Instruction) から CSCL (Computer Supported Collaborative Learning) への流れ，また90年代末から2000年代前半にかけての日本での「教育の情報化」についてを概観しつつ，そのような流れの背景にある知識観や学習観の変容についても触れていく。その上で，2000年以降の事例を教育の「拡張」と「拡大」という視点から見ていくことで，現在のネット社会における教育・学習の方向性を検討する。

第2節 「教育の情報化」の流れと展望

2-1　CAIからCSCLへ

　「教育の情報化」の萌芽は20世紀前半に米国で見られた。1920年代にはプレッシー(Pressy, S. L.)によって，機械によって多肢選択式の問題を出し，自動的に生徒の回答を判定し，正解であれば次に進めるという機能を持ったティーチングマシーンが開発された。1950年代になると，それをより発展させる形でスキナー(Skinner, B. F.)によるプログラム学習に基づいたティーチングマシーンが開発された。ティーチングマシーンによって，生徒は一斉授業のような画一的で，受け身である教育から脱し，自分のペースで学習することでより効率的な学習が期待された。また同時に，ティーチングマシーンは画一的な一斉授業やテストとその採点という単調な作業を機械が担うことで，教師がより生徒一人ひとりに寄り添った教育ができるようになるという「教育的良心」に基づいて開発・普及が目指されたのであった。

　1970年代以降，それまでメインフレームという巨大で高価な機械であったコンピュータが小型化，安価化していくのにともなって，個人で使えるコンピュータ，すなわちパーソナル・コンピュータが普及した。ティーチングマシーンもコンピュータを用いたものとなり，それらを用いた教育はCAIとよばれるようになった。研究レベルとしては1958年にはイリノイ大学でCAIの原型とも呼ばれるソクラテス(SOCRATES)というシステムが開発された。1960年代にはソクラテスの後継としてプラトン(PLATO)が開発された。同時に，チューター(Tutor)と呼ばれるプログラミング言語も併せて開発された。チューターを用いることで教師などコンピュータの専門家でない人びともコースの教材作成ができるようになっていることが特徴であった。

　教育においては，一斉授業以外にもグループでお互いに助け合ったり，あるいはグループのメンバーそれぞれが責任をもってひとつの目標を達成するとい

ったグループ学習が行われていた。こうしたグループ学習は協調学習 (Collaborative Learning) とよばれる。1980年代のパーソナル・コンピュータの高性能化に加え，1990年代にはそうしたコンピュータ同士をつなぎ，インターネットが普及し始めた。インターネット上では，電子メールや電子会議室などを用いてユーザー同士のコミュニケーションが普及していった。このような技術的背景から，CSCL，すなわち協調学習を支援するシステムの開発・発展が目指された。

CSCL 開発初期のプロジェクトとしてカナダのトロント大学が開発したCSILE (Computer Supported Intentional Learning Environment) がある。CSILEでは学習者が疑問に感じたことや考えなどを「ノート」として書き込んでいくようになっている。また書き込んだ「ノート」と他人の「ノート」同士を関連させる機能もあり，学習者同士が「ノート」を引用，参照できるようになっている。そういった意味で，CSILE は一種の学習者による「電子会議室」と言える。こうした CAI，CSCL の流れは後に e-Learning の開発・発展の基礎となった。

以上で見てきたような CAI から CSCL の背景にある知識観の変容を確認しておこう。20世紀初頭に，心理学ではそれまでの内観法など主観的に分析されていたアプローチから，客観的に観察しうる行動や，それを引き起こす刺激などを重視する行動主義心理学が隆盛した。前出のスキナーも「刺激―反応―強化」のプロセスこそが学習であるとし，そうした枠組みを精緻化したプログラム学習に基づいたティーチングマシーンの開発を進めた。学習者一人ひとりの学習進度の違いへの適応を目指していたのがこうしたプログラム型 CAI であるとするならば，ソクラテスやプラトンといった CAI が目指したのは，学習者の間違いの仕方によってその後の展開が分岐していく，つまりフィードバックによって動的にコースが変化することで学習者に合わせるという分岐型プログラムであった。その背景には行動主義心理学ではブラックボックスとされていた人間の心のなかの情報処理過程を研究する認知心理学の展開もあった。

CSCL の背景には社会構成主義的な学習観があった。先に見てきたように，

それまで行動主義や構成主義では，学習は個人の内面で起こるものであるととらえられてきた。しかし1990年代以降，学習は個人のなかで起こるのではなく，社会的な関係の変化であるとする社会構成主義が広まった。たとえば，レイヴとウェンガー(Lave, J. & Wenger, E.)は，職業集団における新参者はそのコミュニティにおいて周辺的な仕事をこなしつつ，次第に中心的な役割を担うようになり「一人前」となるプロセスこそが学習であるという「正統的周辺参加論(LPP：Legitimate Peripheral Participation)」を唱えた。コンピュータからインターネットへの流れ，学習理論における客観主義から構成主義，社会構成主義への流れに見られるような個人からつながりへの流れは，すべて90年代半ばから後半に見られるように，コンピュータ・インターネットの進展と知識観・学習観の変容はそれぞれが密接に関連し合いつつ，さまざまなプロジェクトや実践として私たちの前に現れてきているのである。

2-2 日本における「教育の情報化」

それでは日本においては教育・学習へのコンピュータ・インターネット導入に際して，どのような流れがあったのか。世紀の変わり目であった2000年から2001年にかけて日本では「IT (Information Technology)」がひとつの社会的なキーワードとなった。政府が積極的にインターネットの導入を推進したこともあって，インターネットは社会のあらゆる分野に普及していった。このようなインターネット普及の流れは教育界にも影響した。すでに1998年から改訂された学習指導要領では情報化について次のように定められた。すなわち，「中学技術・家庭科において情報に関する基礎的な内容を必修」とし，高校においては教科「情報」を新設，必修化(2003年度からスタート)することが明言された。また，小学校では特定の教科を指定していないものの，授業計画の作成などに当たって配慮すべき事項として，「各教科などの指導に当たっては，児童がコンピュータや情報通信ネットワークなどの情報手段に慣れ親しみ，適切に活用する学習活動を充実するとともに，視聴覚教材や教育機器などの教材・教具の

適切な活用を図ること」とされた。

　コンピュータ・インターネットの導入は高等教育，すなわち大学レベルにおいては研究・開発も含めて比較的早い時期から行われていた。しかし，90年代後半からの「教育の情報化」の特徴は，初等中等教育においてもコンピュータ・インターネットを積極的に活用するという流れであった。このことは，コンピュータ・インターネットが研究・開発などにおいて専門的に用いられるものではなく，広く普及した一般的なツールとして認識され始めたことを示している。そのために，専門教育ではなく，一般教育として情報化を推進する必要が生じたのであった。

　90年代後半からの「情報化社会」では，ITに関する能力が，それ以前のように一部の専門家にだけ限られたものではなく，産業界を牽引する原動力として，さらには生活者として社会生活を営むうえで必要な能力としてとらえられるようになった。2000年に開催された九州・沖縄サミットはITサミットとよばれるほど，ITに関して多く話し合われた。そこで採択された「グローバルな情報社会に関する沖縄憲章」では，ITを経済成長における原動力としてとらえている。少々長いが引用しておこう。

　　情報通信技術(IT)は，21世紀を形作る最強の力の一つである。その革命的な影響は，人びとの生き方，学び方，働き方及び政府の市民社会とのかかわり方に及ぶ。ITは，世界経済にとって極めて重要な成長の原動力に急速になりつつある。ITは，また，世界中あらゆるところにおいて，多くの進取の気質を持つ個人，企業及び地域社会が一層の効率性と想像力をもって経済的課題及び社会的課題に取り組むことを可能にしつつある。我々すべてが活かし，分かちあうべき大いなる機会が存在する。

　さらに，人材育成については次のように述べている。

情報社会の前進のための政策は，情報化時代の要請に応えうる人材の養成によって支えられたものでなければならない。われわれは，教育，生涯学習及び訓練を通じて，すべての市民に対し，IT 関連の読み書き能力及び技能を育む機会を提供することにコミットしている。われわれは，学校，教室及び図書館をオンライン化し，教員を IT 及びマルチメディア情報源に関して習熟させることにより，この意欲的な目標に向けて引き続き取り組んでいく。

　このように，IT に関する能力は国民全員が，情報化社会において生活していくうえで，最低限身につけておくべき「リテラシー」として位置づけられた。また同年には「高度情報通信ネットワーク社会形成基本法」（通称「IT 基本法」）が制定され，そのなかでも人材育成・教育は主要な分野として挙げられた。このことはすなわち，「情報化社会」の進展に伴って，コンピュータ・インターネットに関するスキルがそれまでの専門家だけのものではなく，一般の人も身につけるべき「リテラシー」ととらえられるようになったことを示している。このような「リテラシー」としての IT スキルを身につけた人材育成への期待が学校にはかけられ，「教育の情報化」を推進する Push 要因となったのである。
　一方で，学校からの Pull 要因も存在した。文部省（当時）における 1996 年の協力者会議は，インターネットの教育利用のメリットとして，①子どもの興味・関心を引き出す，②子どもの主体性を高める，③ネットワークを利用した交流が生まれる，という 3 点を指摘している。また，1999 年に改訂された高等学校の教科「情報」の学習指導要領には，その目標として「情報及び情報技術を活用するための知識の技能の習得を通して，情報に関する科学的な見方や考え方を養うとともに，社会のなかで情報及び情報技術が果たしている役割や影響を理解させ，情報化の進展に主体的に対応できる能力と態度を育てる」とあるように，教科「情報」の教育目標は 1996 年の答申で示された「生きる力」を意識した内容となっている。さらに，2000 年の『我が国の文教施策』のなかでも学校教育の情報化の目的として次のように述べている。

学校教育の情報化は…（中略）…授業の方法として，各教科の学習にコンピュータやインターネットを積極的に活用することにより，子どもたちが学び方やものの考え方を身に付け，問題の解決や探求活動に主体的，創造的に取り組む態度を育て，自己の生き方を考えることができるようにすることを目的としています。

　このように，学校における教育改革の一環としての情報教育は，中央教育審議会答申で示された「生きる力」の育成のひとつの実践としての性格を含んでいたと言えるだろう。
　こうしてみると，「教育の情報化」は90年代に表面化してきたさまざまな教育問題に対する教育改革としての「ゆとり路線」と密接に関係していたことがわかる。そういった意味で，「教育の情報化」の骨子であったコンピュータ・インターネットの導入は，「ゆとり路線」の目指した「個性」や「主体性」といった理念に基づいた教育を実現するツールとして，期待を受けて導入されていったのである。逆に言うと，学校へのコンピュータ・インターネット導入の下地は90年代末からの教育改革としての「ゆとり路線」がPull要因となり，準備されていたのである。

2-3　プロジェクトにみる「**教育の情報化**」
　以上でみてきたように，「教育の情報化」は90年代からの社会的・産業的要請や政策的な思惑というPush要因と，学校側の教育的事情によるPull要因によって進められていった。実際の学校教育の現場でコンピュータ・インターネット導入の推進力となったのは一連のプロジェクトであった。
　「100校プロジェクト」は1993年に通商産業省の策定した「高度情報化プログラム」において，教育におけるコンピュータ・インターネット活用の具体的な実践として始まった。通商産業省と文部省（ともに当時）の指導の下，情報処理振興事業協会と財団法人コンピュータ教育開発センターの共同事業として実

施された。1,500を超える応募校のなかから111校にサーバ及びクライアントコンピュータを設置してネットワークと接続し，そのネットワークを活用した共同学習や情報交換，会議などの学習活動ができる環境を整備した。たとえば，広島大学附属福山中・高等学校が中心となった「酸性雨調査プロジェクト」では，日本各地の学校が酸性雨に関するデータを収集し，それをデータベース化してウェブ上に公開するというものであった。また，大津市立平野小学校が立ち上げた「全国おたずねメール」は，生徒からの質問に電子メールで答えてくれる「情報ボランティア」を募集・登録し，生徒が課題解決の手段として電子メールを利用することで，電子メールを使う際の敷居を低くする，というものであった。その後も108校を対象に「新100校プロジェクト」として活動を引き継ぎ，最終的には1998年まで続いた。

　また，同時期のインターネットを活用した教育プロジェクトとしては，1996年の「こねっと・プラン」もあった。「こねっと・プラン」は文部省と郵政省（ともに当時）の協力のもと，NTTなど企業や団体から構成される「こねっと・プラン推進協議会」が中心となって推進されたプロジェクトである。全国から約1,000校がその対象となり，①インターネットの接続，利用などの技術・ノウハウについてコンサルティングなどの運用支援，②「こねっと・プラン」参加校からの情報発信や参加校同士の情報交換を行うためのWWWホームページやメーリング・リストの提供といった活用支援，③1校あたり約30万円程度の寄附（現金及び通信機器）などの財政支援，を受けた。

　このようにコンピュータ・インターネット導入初期であった1990年代半ばでは，先進的な試みとしてインターネットを導入・活用していく学校，あるいはそれを促す教育プロジェクトが目立った。そこで行われるコンピュータ・インターネットを利用した教育・学習とは比較的大規模な交流・協調学習が中心であった。これらの交流・協調学習はコンピュータ・インターネットが学校教育にもたらすはずの「明るい未来」を示したものであり，それは同時に「非日常の教育・学習」であったと言える。

1999年には「100校プロジェクト」「新100校プロジェクト」を引き継ぐ形で「Eスクエア・プロジェクト」がスタートし，1999年度は187件の学校企画が採択，実施された。「Eスクエア・プロジェクト」でも，インターネット教育活用の中心は交流・協調学習であった。特徴としては，小・中学校では2002年，高校では2003年から始まる「総合的な学習の時間」をにらんでの実践が多くなされたことが挙げられるだろう。「Eスクエア・プロジェクト」は2002年からさらに，「Eスクエア・アドバンス・プロジェクト」として引き継がれた。これらの実践例を見ると，これまでのプロジェクトと比較して，交流・協調学習ではなく，電子黒板システムの活用など，通常の授業にITをどのように適用するかということを主眼としたものが多くなった。また，コンピュータ・インターネットの直接利用というよりも，それらが生活に普及していくなかで，情報モラルの育成を主眼とした実践も見られるようになった。

　コンピュータ・インターネットの教育利用は，交流・協調学習に限られるものではないが，以上のようなコンピュータ・インターネットの教育利用促進のためのプロジェクトを見ていくと，その主眼はインターネットを利用した交流・協調学習が主であることがわかる。つまり，教育の情報化によって「主体性」「個性」を回復するためにコンピュータ・インターネットになされる期待は，個別での教育・学習を志向するe-Learningよりも，ネットワークを利用した交流・協調学習にあることがわかる。

　しかしながら，注意しておかなくてはならないのは，そのような変容は必ずしも先ほど指摘したような，先進的で，非日常の教育・学習としてのコンピュータ・インターネットの教育活用が「日常化」したということを意味しているのではない，という点である。90年代末から2000年代初めにかけて，学校現場ではコンピュータ・インターネットの情報環境が整備され，それに合わせた変化が求められる一方で，教員自身の情報化への対応といった個人の問題，あるいは「総合的な学習の時間」や「情報」など新たな教科・カリキュラムへの対応，既存の教科におけるIT活用といった現実の教育的な問題が表面化して

いった。そのなかで，コンピュータ・インターネットの教育活用法は，当初，期待されていたような「福音」としてではなく，現実にすりあわせる形での「日常の教育・学習」に変容していったと言えるのである。すなわち，教育の情報化の理想と，教育現場との現実をすりあわせる形での活用こそが，大部分の現場の学校，教員が求めていた教育実践であったのである。

第3節　ネット社会における教育・学習

3-1　デジタル・ネイティブと教育・学習

　ここまで「教育の情報化」の流れについて概観してきたが，それでは現状はどのようになっているのだろうか。

　情報化社会においては，社会で必要な知識を学校で先生からすべて学ぶというものではなく，学校を卒業してからも知識を常にアップデートしておく必要が生じるようになった。このような時代において，Wikipediaですぐに調べられる知識を暗記しておくことにどのような意味があるのか，あるいは逆にそもそもYahoo！知恵袋に書いてあることが「知識」とよべるのだろうか，といったことが鋭く問われるようになった。また，産業の高度化によって，与えられたことを単に行うのではなく，新たな価値を付与するイノベーションを起こせる人材，また周りと協調しながらブレイクスルーを起こせる人材の育成が求められるようになった。

　21世紀を生きる子どもたちは，生まれた時からデジタルメディアに囲まれて育ったデジタル・ネイティブ(Digital Natives)とよばれる。デジタル・ネイティブは21世紀以降，提唱されるようになった世代名称である。そのきっかけとなったのはアメリカのプレンスキー(Prensky, M.)が2001年に発表した"Digital Natives, Digital Immigrants" "Do They Really Think Differently"という一連の論文であった。そこでプレンスキーは，生まれた時からコンピュータやビデオゲ

ーム，インターネットなどのデジタルメディアに囲まれて育ち，それらを自在に操る若者世代を"Digital Natives（デジタル・ネイティブ）"と名付けた。またそれに対して，デジタル環境のない時代に生まれ育ち，大人になってからデジタル世界にやって来た世代を"Digital Immigrants（デジタル移民）"とした。このようなデジタル・ネイティブたちにとって，あるいは彼ら彼女たちが生きていく社会にとって，従来の教育のやり方が本当に適しているかどうか，疑問を投げかけられている。

　以上のような背景から2000年以降の「教育の情報化」の展開の方向性として，大きく2つ挙げられる。ひとつは既存の学校教育の「拡張」である。2010年，NHKが「ハーバード白熱教室」としてハーバード大学のサンデル教授の「Justice」と題された講義を放送した。このことは一種のブームを巻き起こし，実際に東京大学でサンデル教授を招いての授業も行われた。またそれ以外にも「スタンフォード白熱教室」(2011)，「コロンビア白熱教室」(2011)など他の有名大学での講義，あるいは「白熱教室JAPAN」(2011)など日本の大学での講義などが「白熱教室」シリーズとして制作・放送されたことからも，「白熱教室」ブームの大きさがわかる。

　サンデル教授の授業は，コンピュータを使っているわけでも，インターネットを使っているわけでもない。事前に予習してきた内容を踏まえて，学生との対話を重視するソクラテス形式で授業は進められる。そういった意味では非常に「アナログ」なやり方である。しかし，コンピュータ・インターネットの発展と普及によって，こうした既存の授業が時間や場所を超えて，展開することが可能となり，「教育の情報化」は必ずしもコンピュータやインターネットを用いた教育だけではなく，このような形の情報化もありうるという可能性を示した。後に述べるMOOCsが示すように，既存の大学の授業をインターネットを介して映像配信することで，これまででは考えられないくらい多くの人が授業を視聴できるようになった。また，後述する佐賀県の事例が示すように，タブレットを活用することで，調べ学習やドリルなど学校での授業がより充実し

たものになる可能性がある。

　もうひとつは教育・学習自体の「拡大」である。教育・学習は学校教育だけで行われているのではないということがコンピュータ・インターネットの発達・普及によってより鮮明に示されるようになった。それを端的に示す事例としてTED（Technology Entertainment Design）が挙げられる。TEDは「Ideas Worth Spreading（広める価値のあるアイデア）」という標語が示す通り，研究，技術，デザインなどさまざまな分野の第一級の人が集まり，自らの活動，主張をプレゼンテーションするカンファレンスである。これまでも元アメリカ大統領のクリントン，U2のボーカリストであるボノ，Amazonの創始者であるジェフ・ベゾスなどが登壇している。

　その歴史は，内々で行われていた1984年まで遡るが，2006年に「TED Talks」としてインターネット上で無料公開されるようになってから多くの注目を集めるようになった。これらのチャンネルには2015年1月の時点で1,900本を超すプレゼンテーションがリストアップされている。また，2009年よりNokia社の支援を受けてTEDのプレゼンテーションを各国語に翻訳する翻訳プロジェクト「TED Open Translation Project」も展開されており，これまで延べ1万人以上のボランティアによって，100以上の言語に翻訳されている。

　日本では2012年よりNHKでTEDのさまざまなプレゼンテーションを紹介する番組が開始され，またTEDのプレゼンテーションを視聴することのできるスマートフォン・アプリも登場するなど注目が高まっている。これほどまでに受け入れられているTEDであるが，プレゼンターは教師ではない。また決まったカリキュラムもないし，理解度チェックやテスト，修了証があるわけでもない。つまり，TEDは「何かをしなければならない」ので視聴しているのではなく，純粋に見たい，聴きたいというモチベーションによって支えられている。また現地に行く時間がなくても，インターネットさえあれば，PCやタブレット，スマートフォンなどで気軽に視聴することができる。そういった意味で，TEDとそれを視聴している人たちの広がりは，教育・学習がこれまで

見てきたように学校教育だけではなく，それ以外にも広がっており，また私たちもそのような学びへのモチベーションをもっていることを示しているのではないだろうか．

3-2　インターネットによる教育の「拡張」

　インターネットの発展・普及に伴いデータの作成・複製，情報流通のコストが劇的に下がったことによって，さまざまなレベルの教材や教育コースを無料で，誰でも入手できるようになった．こうした流れはオープン・エデュケーションとよばれる．1990年代，インターネットの普及に伴って，大学教育を中心にコンピュータ・インターネットで教育を提供するe-Learningが熱心に開発・展開されていった．しかし，インターネット回線の品質の問題などもあり，結果的に多くの利用者を集めるには至らなかった．21世紀に入ると，MIT（マサチューセッツ工科大学）を中心とし，シラバス，教材，講義をインターネットで配信するOCW（オープンコースウェア：Open Course Ware）が展開され，日本においてもJOCWが2005年から開始された．またAppleが提供するiTunes-Uに見られるように，大学自身だけではなく，企業が教育の配信のためのプラットフォームを提供するケースも増えてきた．

　以上のような過程を経て，近年では何千人，何万人といった大規模な人びとを対象に，無料で授業を配信するMOOCs（Massively Open Online Courses）に注目が集まっている．MOOCsを提供するプラットフォームとしてはスタンフォード大学，東京大学などが加入しているCoursera，またMIT，ハーバード大学，京都大学などが参加しているedX，他にもUdacityなどがある．なかでもCourseraは2015年1月の時点で1,100万人以上が，Udacityは2011年のサービス開始から400万人以上が受講していると言われている．

　これまでも教材を公開するサービスは存在していたが，MOOCsは教材だけではなく，教育も含めて提供していることが特徴だと言えるだろう．つまり，教員による一方向的な講義の映像配信や教材の配布だけではなく，テストなど

での理解度チェック，受講者との対話やディスカッションなどのコミュニケーションも含まれる。また，コース修了者に修了証あるいは認定証を発行するなどの工夫もなされている。日本においても 2013 年 10 月に「日本オープンオンライン教育推進協議会」(JMOOC)が設立され，公認のプラットフォームである gacco, Open Learning Japan, OUJ MOOC で東京大学，京都大学をはじめさまざまな大学が講義を 2014 年から提供している。

MOOCs の特徴として「ロングテールのコンテンツ利用」が挙げられる。これまでは自分が学びたいと思ったとしても，人数やカリキュラムの関係で講義が開講されなかった。しかし，コンピュータ・インターネットによってコンテンツや授業配信のコストが劇的に下がったことで，非常に専門性が高いものでも提供できるようになった。

大学教育だけではなく，小中学校における情報化も活発である。佐賀県の武雄市では小学校では 2014 年より，中学校では 2015 年よりタブレット端末を無償配布することが決定された。この背景には佐賀県や武雄市をはじめとする県・市レベルでの情報化を進推する動きに加え，総務省の「フューチャースクール」「地域雇用創造 ICT 絆プロジェクト」，さらに文部科学省の「学びのイノベーション事業」による支援があり，タブレット以外にも電子黒板，デジタル教科書といったさまざまなメディアが教室に持ち込まれて，日々の授業での実証実験が行われている。

また，武雄市は，「教育の情報化」推進の一環としてタブレットを活用した「反転授業」も積極的に取り入れている。反転授業とは Flipped Classroom ともよばれる授業形態で，アメリカなどでも注目を集めている教育形態である。これまでの授業のイメージは学校で新しいことを教え／学び，その内容を家で復習するというものであったが，反転授業ではこれが逆になる。つまり，家でビデオなどで授業内容について見たうえで，学校では分からないところを教師に聞いたり，また学んだことを踏まえたうえでディスカッションなどを行うという授業形態である。

さらに佐賀県は，すべての県立高校 2014 年入学生にタブレット端末の導入を決定した。これで，武雄市では，小学校から高校まで，タブレット端末の所持を前提とした教育が成立することになる。一方で，導入するタブレット端末は配布・貸与ではなく，1 台あたり 5 万円を生徒それぞれの家の家計に負担を強いることから，すでに持っている家庭も二重で買うのか，あるいは貧困状況にある家庭はどうするのか，などの反対・疑問の声もある。海外などでは学校から配布・貸与されたり，規定のものを購入する以外に，自分の所持している機器を現場に持ち込む BYOD (Bring Your Own Device)への取り組みも模索されている。

　2020 年度に向けたビジョンをまとめた文部科学省「教育の情報化ビジョン」(2011)によると，教育の情報化における 3 つの側面として「情報教育（子どもたちの情報活用能力の育成）」「教科指導における情報通信技術の活用」「校務の情報化」が挙げられた。また，そこでは学習の形態として一斉学習，個別学習，協働学習という類型が想定され，デジタル教科書（学習者用・指導者用），情報端末（学習者用・指導者用）が想定された。このように，90 年代から始まったコンピュータやインターネットを導入する「教育の情報化」は 21 世紀に入ってもそれが電子黒板や電子教科書，タブレットなどに姿を変え，進められていると言えるだろう。また MOOCs のように，これまでの e-Learning などでは考えることができないくらい大規模な教育・学習も可能になりつつある。そういった意味で，既存の学校教育の「拡張」としてとらえることができる。

3-3 インターネットによる教育の「拡大」

　2004 年，ヘッジファンドのアナリストであったカーン(Khan, S.)はいとこの家庭教師を引き受けることになった。そのいとこは離れたところに住んでいたために，カーンが横で直接勉強を教えることは難しかった。そこで彼は短いレクチャーをビデオ撮影したものを YouTube にアップすることにした。これが大きな反響をよび，「教育の革命」として，Google やビルゲイツ財団などから

も資金提供を受けるようになった。2008年には，カーンはアナリストの仕事を辞め，カーン・アカデミーをNPOとして設立し，それに専念するようになった。カーン・アカデミーには2014年の時点で数学や理科，経済，歴史，情報学などさまざまな領域で4億本以上のビデオ教材がアップされており，1日に400万近くの練習問題が学習者に解かれているという一大教育プラットフォームに成長している。カーン・アカデミーによって，学校の一斉授業が一律に進んでいくことに苦しんでいた多くの生徒が自分のペースで勉強できる可能性を見出したのである。

実は2010年前後から，こうした教育系スタートアップの成長は著しいものがある。たとえば，2012年1月に設立されたschoo(スクー)もそのひとつである。schooはwebを通して生放送で授業を配信するプラットフォームである。放送されている授業は「1億円を調達するために知っておくべきこと─スタートアップ起業家が知るべき資金調達のリアル」や「課題解決のためのアイデア発想力養成特訓」「駆け出しweb制作者のための『お客様との打ち合わせ，あなたならどうする？』」などビジネスやテクノロジーに関する実践的なものが多い。また，講師も大学の教授ではなく，現場の人によるものがほとんどである。これらはその放送時間に試聴する限り，すべて無料である。録画放送にも対応するが，無料会員が視聴できるのは月にひとつと制限があり，有料会員になるとその制限がなくなる。また視聴後，レポートを提出して講師と対話したり，他の会員とチャットなどでコミュニケーションを取ることもできる。会員登録にはFacebookアカウントが必要であり，これら一連の活動がソーシャルメディア上でシェアされる。

また，2011年に設立されたスマート・エデュケーション(Smart Education)は，「おやこでリズムえほん」「さわるきょうりゅうずかん」など主に知育アプリを開発・提供している。このような乳幼児を対象にした知育アプリは人気を博しているが，こうしたアプリあるいはタブレットを育児に使うことに対しては根強い反発が存在するのも事実である。それに対して，スマート・エデュケーシ

ョンは育児とITの関連についての調査・研究も積極的に展開しており，乳幼児の適切なスマートデバイス利用に関する「5つのポイント」として，① 親子で会話しながら一緒に利用しましょう，② 創造的な活動になるよう工夫しましょう，③ 多様な体験が出来る機会を作りましょう，④ 生活サイクルを守りながら利用しましょう，⑤ 親子でコミュニケーションを取りながらアプリを選びましょう，を挙げている。

　以上で見てきたような教育サービスが広がることによって，これまで教育におけるお金の問題や，時間や空間の制約が克服されるようになった。そのため，自ら学びたいという学習意欲が高い人にはよい環境が整ってきていると言えるが，そのようにモチベーションが高くない人にどのように対処するのかということが今後の課題になってくる。

　そういった視点から，ゲームを教育利用する動きも広がってきている。教育ゲームというとニンテンドーDSの「脳トレ：脳を鍛える大人のDSトレーニング」などを思い浮かべるかもしれないが，その応用範囲は広い。2000年以降，社会的な目的でゲームを開発・利用する動きが盛んになってきている。このような「教育を始めとする社会の諸領域の問題解決のために利用されるデジタルゲーム」(藤本，2007)はシリアスゲームと総称される。シリアスゲームは教育現場以外でも，むしろ教育現場以上に注目が寄せられた。

　2002年にはウッドロー・ウィルソン国際研究センターに「シリアスゲーム・イニシアティブ」が設立され，公共政策分野でのデジタルゲーム活用促進が後押しされた。同組織は「シリアスゲーム・サミット」なども企画し，開発者や研究者のコミュニティも形成促進している。以上のような背景から，シリアスゲームは主にアメリカを中心に徐々に認知が広がりを見せた。たとえば，「アメリカズ・アーミー(America's Army)」はアメリカ陸軍が広報や新兵のリクルートのために開発したものである。また「フード・フォース(Food Force)」(2005)は国連の世界食糧計画(WFP：World Food Program)が飢餓の状況やそれに対する支援を理解してもらうために開発したものである。2011年には

KONAMI が協力し，Facebook アプリをリリースした。より手軽に利用できるようになると同時に，アプリ内でアイテムを購入するとその収益が WFP に寄付されるという仕組みになっている。

また 2010 年以降,「ゲーミフィケーション」がひとつのブームとなっている。ゲーミフィケーションとは井上明人(2012)によると,「ゲームの考え方やデザイン・メカニクスなどの要素を，ゲーム以外の社会的な活動やサービスに利用すること」であり，チュートリアル，目標達成によるポイント，レベル上げといったゲームの要素を取り入れた活用やサービスを指す。そういった意味で，社会のさまざまな課題をゲームに持ち込むシリアスゲームとちょうど対照的であるとも言える。ゲーミフィケーションは教育にも取り入れられており，たとえばインターネットを通した対話型アニメーション教材である「すらら」がある。「すらら」は生徒一人ひとりの学習データを収集し，弱点を自動的に判別するシステムや出題の難易度を調整するシステムを搭載することできめ細かな学習を可能にしている。また，ひとつの単元を 10〜15 分程度で区切りスモールステップでの学習を提供する，授業の随所でキャラクターが登場し，問いかけを行うなど生徒とのインタラクティブ性を確保する，月に 1 回，目標を設定するなどゲーム要素を取り入れている。実際に 2013 年 7 月の時点で 25,000 人の生徒が「すらら」を利用している。

以上でみてきたように，2000 年以降のネット社会における教育は，学校教育だけにとどまらず，その提供主体，コンテンツ，適用領域を広げている。

第 4 節　Educated から Learning へ

ネット社会における教育と学習について，ここまで CAI，CSCL に始まり，日本における「教育の情報化」の流れ，そして 2010 年代のスナップショットを見てきた。特に 90 年代半ばにインターネットが普及して以降，20 年ほどし

か経過していないが，そのなかでも志向の変化を見て取れる。

　京都大学の飯吉透は1990年代を「Eの時代」，2000年代を「Oの時代」，2010年代を「Cの時代」と位置づけている。つまり，1990年代はe-Learningやe-コマース，e-ビジネスなどの言葉が現れ，コンピュータ・インターネットに期待がかけられた時代であった。2000年代になると，オープンソース，オープンイノベーションなど無料で，誰もがアクセスできるという「オープン（Open）」という特性に注目が集まった。web2.0という言葉に表されるように，WikipediaやYouTubeをはじめ現代のソーシャルメディアの基礎ともいえるサービスが登場した時代であった。2010年以降はTwitterやFacebookなどSNSを中心としたソーシャルメディアが（少なくともデジタル・ネイティブの間では）十分なインフラとして活用できるようになり，そのなかで「コラボレーション（Collaboration）」「コミュニティ（Community）」などがキーワードとなった。このように，インターネットが普及し始めてから30年の歴史を振り返っただけでも，その時代時代によって示される志向には変化が見られる。そして教育・学習という領域はそうした変化の影響を受けやすい領域である。

　そもそもデジタル・ネイティブはデジタル環境で育ってきた世代に，新しい時代の教育を考えなければならないという文脈から出てきた言葉であった。教室での一斉授業によって教師は教科書を使いながら効率的に知識を伝え，生徒・学生はそれを覚える。そして，「正解」を導くテストにより評価される。こうした学校での講義を中心とした教育スタイルは，近代社会の成立以降，ほぼ変わらず現在に至っている。ここでいう知識とは基本的に，客観的なものであり，「モノ」としてとらえられ，こうした知識観は「客観的な知識観」とよばれる。たとえば，歴史の年号，理科の元素記号，英単語や古文単語などが知識であり，それらを効率良く，覚えていくことが勉強であるというように私たちは考えてきた。私たちは知識の詰め込み，暗記に対して批判的でありながらも，同時に知識を覚えていくことが勉強や教育である，というイメージを強くもっているのではないだろうか。

知識に関して，それを暗記して覚えておかないといけないということを自明でなくしたのはインターネットであった。覚えていなくても，インターネットで調べればすぐにわかる。こうした感覚をもっとも端的に示したサービスがWikipediaであった。Wikipediaに対する批判として，Wikipediaの記事は誰でも作成・編集することができるために「質が低い」というものである。実際に，多くの記事は概ね信頼できるかもしれないが，まったく間違っているものも存在するし，歴史，政治や宗教などで議論や論争が絶えないものに対しては多くの改訂，編集が現在進行形で行われている。そのため，大学などでは学生にレポートや論文を作成する際，Wikipediaを引用しないように指導しているところが多い。こうした批判はとりもなおさず，知識が学問の体系のなかで固定化している（ものでなければならない）という，これまでの客観的な知識観に由来しているものであると言える。

　しかし，本章で見てきたように，社会構成主義的な学習観においては，体系化された知識を個人が習得していくという客観主義的な学習ではなく，グループでの協調作業によって問題解決を目指すという活動そのものを学習としてとらえる。そういった意味で，ネット社会においては，受動的に「うける」ものであった教育から主体的に「（自ら）行う」学習への，言い換えると「Educated（教育）」から「Learning（学習）」への重心の変化が起こっている。「学習社会（Learning Society）」においては，学校や教師のあり方も再考が求められている。近年，大学などを中心に，PBL（Project Based Learning）やアクティブ・ラーニングが積極的に導入されている。そのなかでこれまで教師中心（Teacher Centered）に展開していた教育は学習者中心（Learner Centered）の視点からとらえ直されるべき時期に来ている。そこでは教師は知識を授ける役割よりも，グループワークなどをファシリテートする役割が期待されるようになっている。

　こうした変化はコンピュータやインターネットの発展がもたらしたものであると同時に，こうした変化に対応するようにコンピュータやインターネットの活用が探られてきた結果である。そういった意味でテクノロジーと私たちの社

会生活はどちらかが一方的に影響を与えているのではなく，相互が影響を与え合い，展開しているのである。

引用・参考文献

井上明人 (2012)『ゲーミフィケーション』NHK出版
Carn, S. (2012) *The One World School house: Education Reimagined Grand Central Publishing.* (三木俊哉訳, 2013『世界はひとつの教室「学び×テクノロジー」が起こすイノベーション』ダイヤモンド社)
藤本徹 (2007)『シリアスゲーム』東京電機大学出版局
松下慶太 (2011)『コンピュータ・インターネット時代の教育・学習』実践女子学園学術・教育研究叢書
松下慶太 (2012)『デジタル・ネイティブとソーシャルメディア』教育評論社
文部省 (2000)『平成12年度 わが国の文教施策』
山内祐平 (2010)『デジタル教材の教育学』東京大学出版会
Lave, J. & Wenger, E. (1991) *Situated Learning: Legitimate Peripheral Participation* (Learning in Doing: Social, Cognitive and Computational Perspectives), Cambridge University Press. (佐伯胖訳, 1993『状況に埋め込まれた学習―正統的周辺参加』産業図書)

参考サイト

America's Army 〈http://www.americasarmy.com〉
Food Force 〈http://www.wfp.org/stories/online-game-food-force-puts-players-front-lines-hunger〉
JMOOC 〈http://www.jmooc.jp〉
Khan Academy 〈http://www.khanacademy.org〉
Smart Education Ltd. 〈http://www.smarteducation.jp〉
schoo 〈http://schoo.jp〉
TED 〈http://www.ted.com〉
すらら 〈http://www.surala.jp〉

第4章

職場・組織の情報化

第1節　近代社会における組織と情報

1-1　組織の課題とは

　われわれの生活の場は産業化の進展とともに血縁・地縁社会だけでなく，会社や企業組織へ拡張されてきた。そして「組織と人間」あるいは「組織のなかの人間」という問いは現代社会では避けて通れない。現代社会に生きるわれわれは組織とは無縁ではないからである。とりわけ，組織のなかでも職場は就業を通して自己拡充を図り，生きがいを醸成する場として重要な位置を占めている。しかし，同時に職場組織は，組織の目標を達成するために個人の自己を束縛しかねない側面があることも否定できない。たとえば，会社を生活のすべてとみなす「会社人間」という言葉は，裏を返せば「家族をかえりみない」ことを意味する。この二律背反をどのように克服するかが組織の最大の課題である。

　その解き口のひとつは組織におけるコミュニケーションのありように左右される点であり，組織において成立する協業や協働(cooperation)の在り方をめぐりさまざまな議論がなされてきた。また，組織の効率的運用には意思決定とそれに基づく仕事が求められるので，組織の意思決定過程におけるコミュニケーション様態がきわめて重要になる。もっぱら，本節で確認するような近代的組織においては階層構造をもったヒエラルキー型の組織（上意下達）として理解されることが一般的であるが，ネットワーク技術はこのような関係性を再構築す

る契機となる可能性をはらんでいる。

　また，実際の組織においてはさまざまなコミュニケーション技術が導入され，組織と個人の関係だけでなく，組織と組織の関係性や組織そのものの形態が多様になりつつある。もちろん，それは「技術が組織や個人を変える」といった一方的なものではなく，組織の構造と組織の技術が相互依存的に変容してきたことは看過できない。それは組織がさまざまな新しい技術を織り込みつつも，その一方で新しい技術を選択的に取り込みながら組織形態そのものも変容させてきたのであり，これは一種の自己循環的な関係といえよう。そしてこのような技術的／社会的変容が新しいワークスタイルやライフスタイルを提示してきたことも事実である。本章ではこのような認識のもとで，職場と組織の情報化について論ずる。

1-2　組織内における個人の位置づけ

　現代は「組織の時代」や「組織社会」と形容されるが，一体どのような現象や理論を背景に組織の重要性が認識されているのであろうか。組織を定義する際に，近代以降の特殊な社会機制として論じた者としてはウェーバー(Weber, M.)やバーナード(Barnard, C. I.)をあげることができる。ともに近代組織論の古典として位置づけられるが，主に前者は行政官僚制組織を論じたドイツの社会科学者であり，後者は産業官僚制組織を論じた米国の実務家である。そのような違いはあるものの，両者は共にコミュニケーションの視点から組織内の合理性の問題を先駆的に論じていることからも，実は「組織とコミュニケーション」の関係は近代組織論の登場とともにクローズアップされていたといえる(Weber, 1921-1922＝1958, 1956＝1960)。

　たとえば，ウェーバーは行政官僚制における「文書主義」的な合理化を論じている(Weber, 1956＝1960：60-63)。ウェーバー自身は，決して「組織は近代化すべき」といった規範を提起したわけではない。むしろ，合理化に伴う行為の「意図せざる結果」として，近代組織の逆説的な非合理性を論じている。その

ひとつである文書主義は,今日のコミュニケーションでも「繁文縟礼」や「形式主義」として指摘できるであろう。つまり,口頭で伝達すれば済む事項でも正確を期すために文書・書面にて報告・連絡がその都度要求されると,結果的にコミュニケーションを阻害することにもなる。これは,のちに実証的な社会調査を取り込んだ知識社会学者マートン(Merton, R. K.)において,「逆機能」や「意図せざる結果」として,さらに詳細に理論的／実証的に研究されることとなった(Merton, R. K., 1957＝1961：181-182)。

　他方,バーナードは20世紀初頭にかけてアメリカ思想を代表する哲学者や科学者との知的交流から,極端に抽象的なシステム論的組織論を構築し,マートンらの社会学にも影響を与えた。バーナードが組織における協働を論じる際に,コミュニケーションを重要視したのはバーナード自身がニュージャージーで電話会社を経営したことをはじめとして数多くの実務経験に基づくことをあげることができる。ただし,バーナード自身はその理論体系が事業体(会社組織)に限定しない組織一般に妥当する理論として位置づけている(Barnard, C. I., 1938＝1968：36)。近代組織論として公式組織を論じるなかで,協働の成立についてはここでも逆説的に非公式組織における非公式コミュニケーションや形式化(言語化)の難しい暗黙知の重要性を指摘している。これは,どれだけ厳密・厳格な規範を構成員に課そうとしても,日常的コミュニケーションのなかで自生的に形成された文化が,規範や行動に影響を及ぼしていることを意味している。

　20世紀初頭のアメリカにおける学問的発展は目覚ましく,産業化は軍事産業が中核をなす一方で,すでにT型フォードにみられる自動車のフォードシステムの登場(1913)前夜であった。なかでも,すでにテイラー(Taylor, F. W.)による『科学的管理の原理』(1911) (*The Principles of Scientific Management*)が著され,労働科学として学問のなかに位置づけられることとなった。組織における合理性の追求は,前述のウェーバーがすでに指摘していたように組織が「鉄の檻」(Weber, M. 1920＝1989：51)となり,人間を近代的隷属とし疎外する状況

が発生する。この科学的管理論に対する批判ともいえる形で，メイヨー(Mayo, G. E.)が組織経営における人間関係論(Human Relations Movement)を提起するが，これは組織における人間の再発見であり，人間性の回復としてとらえることができよう。そして合理化と人間性の回復という二律背反する立場を踏まえつつ，これらを統合した協働組織理論の構築者がバーナードであった。

　このようにして，さまざまな学問領域で扱われる組織研究に通底する問題意識は，人間の自由と責任に基づく組織的協働の成立可能性であった。その理念の根底にあったのは明らかに，当時のナチズムやファシズムの全体主義にいかに組織をもって対抗するかといった一種のイデオロギー的な側面もあったことは無視できない。とりわけ，バーナードに大きな影響をうけたことで知られる，経営学者のドラッカー(Drucker, P. F.)は，当時の経済状況からナチズムの到来を予見し『「経済人」の終わり』(1939)において激しく告発しつつアメリカへ逃れた。そこで，バーナードのリーダーシップ論をもとにマネジメントを構想し，そのような思想的側面を独自に取り込んで，歴史的に位置づけるなかで，現代を『断絶の時代』(1969)として「知識社会」の到来を宣言し，『マネジメント』(1973)，『非営利組織の経営』(1990)，『ポスト資本主義社会』(1993)に結実した。もっとも，事業体組織(営利組織)に限定しない，組織一般の協働現象を論じたのはバーナードにおいて先取されていたといえる。

　このように考えるならば，組織論の伝統的視座として，近代化に伴う血縁や教会などの地縁の急速な解体に際して顕在化しつつあった社会学の古典に論じられてきた大衆社会状況，つまりリースマン(Riesman, D.)の『孤独な群衆』(1961＝1964)やフロム(Fromm, E. S.)の『自由からの逃走』(1941＝1965)をどのように引き受けるかにあったといえる。その象徴がバーナードやドラッカーの論じた「リーダーシップ」概念に投影されているといっても過言ではないであろう。組織において「個人」がどのように位置づけられるのかは今日でも重要な視点である。

第2節　現代社会における組織の構造変容

2-1　組織における情報の介在

　現代における組織概念は，経営学だけでなく，産業心理，産業社会学，組織社会学から経済学に至るまで，さまざまな領域で学問の対象となり，社会科学一般における重要な用語となった。さらに前述のバーナードにせよマートンにせよ，彼らは当時最先端の電話会社経営やマスメディア研究などのコミュニケーション・メディアとさまざまなかかわりをもったことが想起される。このような学問がバーナード以降，特に米国において第二次世界大戦後に大きな発展を遂げたことは，あながち米国の近代化と産業社会の進展とも無関係ではない。

　現代では，コンピュータの登場により，3C（Computer, Communication, Control）が重要な概念となっているが，1950年にはベルタランフィー（Bertalanffy L. v.）による『一般システム論』(1968 = 1973)やコントロール・エンジニアリングとコミュニケーション・エンジニアリングの統合的学問としてサイバネティクスが提唱されている。これらは，のちの社会組織研究における情報の介在に着目した点でも重要な視点であった。

　戦後，日本の産業組織は民主化の一環として先述した米国の組織観を色濃く反映することになる。特にそのような組織観が「職場の民主化（workplace democracy）」であり，高度経済成長を支える経営組織を形成した。また，このような社会変容とともに職場をめぐる組織環境そのものの変容が生じる。その結果，生産性の向上とともに工場などでの肉体労働者の占める割合が徐々に低下し，サービス産業や知識労働者の割合が増加していくこととなった。

　もっとも，組織運営の実態は，年功序列，終身雇用，企業別労働組合を日本的経営の「三種の神器」とし，「イエ」としての「会社組織」が90年代まで温存されつつあった（三戸公，1994）。戦後の日本経済は幾度にもわたる好景気の結果，あえて伝統的な経営に大きな反省をすることはなかったが，戦後の職場

の民主化以上に日本の企業組織に変革をもたらしたのは，まさに90年代初頭のバブル景気崩壊以降のグローバリゼーションやアメリカナイゼーションであった。そして現代的なキャリア観ともいえる米国的経営や能力主義的なキャリア志向が強まるのであった。これはドラッカーのポスト資本主義社会論において先取され，ポスト資本主義社会は情報社会の過渡期として認識された(Drucker, P. F., 1993=2007)。

2-2　職場環境の変容

　以上のような環境変化のなかで，組織や組織人の意味合いも大きく変容する。ここでは60年代以降の情報社会論において語られた組織観や技術観を振り返ったうえで，80年代以降のOA(Office Automation)やSOHO(Small Office/Home Office)などのワークスタイルやワークプレイスの変容を確認しておくことにする。

　日本では，特に60年代になると梅棹忠夫の論文「情報産業論」(1963)をはじめ，さまざまな「情報社会論」が登場した。さらに欧米の情報社会論や知識社会論なども相次ぎ，ベル(Bell, D.)『脱工業社会の到来』(1973)やトフラー(Toffler, A.)『第三の波』(1980)などを筆頭に未来社会が論じられたのも60-80年代であった。これらは，純粋に専門的な経営技術書でも学術書でもなく，未来論的な形態をとった文明論や新しい社会の啓蒙的な側面が強かったので，社会的なインパクトは強かった。未来論的な情報社会論としては，前述のドラッカーやガルブレイズ(Galbraith, J. K.)，マクルーハン(McLuhan, H. M.)らも含めることができよう。なかでも，トフラーの「エレクトロニック・コテージ(electronic cottage)」概念は職場環境の変容を予言するもので，今日のテレワークスタイルを先取りしていたといえよう(Toffler, 1980=1982：263-279)。トフラーらの指摘・予言は，いささかテクノクラート的な側面を強調し過ぎるあまり，「鉄の檻」となった組織観は過去のものとなったとの印象さえ与えた。

　また，80年代後半には今井賢一らが「ネットワーク組織」として，組織を単独でなく関係性においてとらえ，同時に情報もそのような関係性に基づく概

念として論じている(今井・金子，1988)。つまり，それまでの通念として情報を固定的なデータのようなものから，相互関係のなかにおいてダイナミックに立ち現れるものとして認識する考え方は，21世紀の今日においても十分通用するきわめて重要な情報観や組織観である。

2-3 組織構造の変容

ところで，奇妙に思われるかもしれないが，今井らのネットワーク組織論は1725年にロンドンにやってきたフランクリン(Franklin, B.)がクラブに参加している描写から始まっている(今井・金子，1988：3-17)。クラブは当時の居酒屋やコーヒーハウスの集まりであり，とりわけ，この時代のコーヒーハウスがポピュラー・ジャーナリズムの誕生した拠点となったことが示され，ネットワークの原型であると彼らは指摘している。具体的には，個人によって占有される静的な情報ではなく，人びととの相互のコミュニケーションのなかでメディアや情報がダイナミックに形成される状況をネットワークの原型として描写している。特に今井らは，このような空間そのものよりも，イギリス産業革命前夜にこのような空間でさまざまな人びとを結びつける人，すなわちネットワーカーによって「編集」され現出しつつあった新たな社会秩序に着目している。このような関係を，今井はネットワーク組織においてまず位置づけ，20世紀後半の新しい組織のありようを論じたのである。それは組織の概念や構造を動態化した自己組織化モデルであるが，90年代に入るとパソコンの本格的な普及と通信技術の発達により，そのようなモデルが新しい情報環境のなかで現実味を帯びてきた。そして，このような情報環境のなかで組織自体を再考する必要性が出てきた。前述の今井らの議論では，コーヒーハウスにおけるクラブがネットワークの原型であり，イギリスの近代化や産業化を促進していったことが示されていたが，現代の日本の雇用形態は高度に発展したものの，組織は均質化／硬直化しており組織の側からはリストラクチャリングが求められている。一方で，個人の視点からはネットワークによる社会関係や空間形成自体の変容と

してワークスタイルをとらえなおすこともできる。かつてのコーヒーハウスは，階級や立場によらない自由な言説空間を可能としたのであるが，これは現代においてどのようにとらえることができるであろうか。本章では既存組織の革新と，新しい人間関係の組織化という2つの側面からとらえることとする。

　もっとも，60-80年代を通じて組織論で伝統的に展開されてきたコミュニケーションやワークプレイスの問題はOA化やSOHOなどが中心であった。工場労働においてオートメーションは既述の科学的管理論などと関連しFA（Factory Automation）として現実化していた。OA化はオフィス環境の自動化であり，コンピュータやファックス，コピー機などの導入やシステム化は組織経営の効率化が目的である。それはもっぱら既存のコミュニケーション（＝意思伝達スタイル）を電子化するといった文脈で導入されてきたといえる。特に，高額な汎用機（大型コンピュータ）やオフィスコンピュータによる事務処理系や基幹系システムの電子化は管理業務の省力化に貢献した。しかし，それ以上にパーソナルコンピュータの登場は（当初想定していた教育や個人向けといった用途をはるかに超えて），80-90年代のビジネス環境の情報化を著しく進展させた。ただし，そうした技術は経営業務のスピードアップや人員削減など経営の合理化や効率化には貢献したが，既存の代替技術に留まる限りは組織構造そのものを大きく変容させはしなかった。

　また，日本的経営の特徴のひとつである「ケイレツ（系列）」などにみられるような，組織相互の結びつきは，80年代後半になると，コンピュータを活用したSCM（Supply Chain Management）を導入することで，生産・在庫・物流の管理業務の情報化を構築しつつあった。いずれにせよ，OA化は会社組織そのもののワークプレイスの情報化が中核的な課題であったといえる。その結果，OA化の徹底は，建物そのものまでがOA対応型に設計されることになり，「インテリジェントビル」や「スマートビル」の登場は象徴的である。

　したがって，個々人のワークスタイルやワークプレイスの変容としてはネットワーク技術のさらなる普及と進展を待たねばならなかった。そのひとつが，

テレコミュニケーションを活用したテレワーキングであり、たとえば、SOHOによる在宅型ワークスタイルである。SOHO は職場環境の情報化としては OA 論とも類似するが、OA 論との最大の相違は、ワークプレイス自体が自宅や自宅の近くに設けられた事務所でも構わない点である。SOHO はパーソナルコンピュータやプリンタなどの機材一式を自宅などに備えることで、必ずしも通勤を必要としない OA 化である。

このようなワークスタイルは、前述のトフラーのエレクトロニック・コテージが先取りしていたといえるが、日本国内では 90 年代までアメリカ的な未来のワークスタイルとして紹介されていたものの、あまり普及しなかった。確かにバブル期には東京一極過集中の緩和策として、さいたま新都心や幕張新都市といったかたちで本社機能を分散化し、SOHO 的色彩の OA 化が部分的に起きてはいた。しかし、90 年代初期のバブル景気崩壊とともに地価が下落したことで、必ずしも SOHO 時代を促進する状況にはならなかった。

2-4　ワークスタイルの様態

ところで、ここで SOHO 型のワークスタイルの意義を歴史的にとらえ直してみることにする。というのは、近代の産業革命以降、家庭と仕事が分離され、家庭に代表されるゲマインシャフトと職場に代表されるゲゼルシャフトに地域社会の機能的分化が進むと、それぞれが異質な空間と社会的役割を担うことになる。その結果、都市はオフィス街と住宅街といったように機能分化した独特の空間を徐々に形成してゆくこととなる。しかしながら、経営効率の点から職場での労働時間は社員間で同期化する必要がある。みんなが同じ時間に同じ場所で働くことが必要となった。特に東京は世界的にも極度に人口の密集した状況にあり、通勤時の疲労やコストは看過できない問題であった。さらに 90 年代初頭までの都市部の投機的な地価の高騰もあり、労使双方にとってきわめて大きな課題となった。

ところが、都市が肥大化すると労働時間の同期化は遠距離通勤に伴うさまざ

まなコストを強いられる。今日の東京がその好例である。もちろん，シフト勤務やフレックス制などの対応策などもあるが，SOHO型のワークスタイルは住宅が職場に近接するので，仕事の効率と自由時間の増大という点で着目される。こうして21世紀的視点に立てば，SOHOは大きくはワーク・ライフ・バランスを実現する要因ともなりうるであろう。もちろん，SOHOは従来の物品加工型の内職とは異なり，知識や情報・データを扱う業種に適合的なワークスタイルである。

　たとえば，デザインや各種メディア制作は，DTP（Desk Top Publishing）技術をはじめとする制作環境がパーソナルコンピュータ上で数多く開発・提供され，標準化されたことでSOHO型のワークスタイルになじみやすいといえる。ちなみに，活版印刷から電算写植によるコンピュータ支援はワークフローに大きな変容をもたらし，OA化に近い組織内の情報化がいち早く生じていた領域でもある。DTP技術はパーソナルコンピュータにDTPソフトとフォントデータ類を整備することでワークプレイスに依存しなくてもすむように進化したのである。

　一般企業においても，社員一人ひとりがデスクトップパソコンを与えられるようになると，ワークフローの電子化や，日常業務の情報共有や連絡などを一括してシステム化したグループウェアも徐々に導入されるようになった。ただし，OA化のデータの共有やルーティンワークの電子化といった，静的な情報観に基づくもの（既存コミュニケーションの代替機能）だけではなく，対話やコラボレーションを引き出すコミュニケーション・メディアとしてもとらえられるように変化した。

　たとえば，90年代に先駆的にグループウェアを論じている西垣通は，グループウェアをネオ・コンピュータとして次のように意義付けている。

　「現在のコンピュータはメインフレームにしろパソコンにしろ，効率主義・個人主義のドグマにとらわれている。メインフレームは共同体の活動を徹底して抽象的・空間的・数量的な〈システム〉としてとらえ，そのなかの具体的な

生きた人間を平板な効率的活動に専念させ，重層的な世界イメージから目をそむけさせてきた。一方パソコンは，個人の主体性を絶対視するあまり，人間の世界イメージを支える共同性のそばを通過してしまい，そのためにツールとしての意義とスケールは大きく損なわれている。(中略)

くどいようだが，グループウェアが目指さなければならないのは，周囲環境と調和するコンピュータ，言い換えれば人間と機械とが一体になって周囲環境に溶け込んでいくような《ネオ・コンピュータ》なのである」(西垣，1992：285-286)。

本論での文脈と関連付けるなら，やはり個人と社会(組織や集団)との関連性を慎重かつ急進的に論じていることがうかがえる。ただし，このような指摘から20年以上経た今日，そのような労働環境の構築には成功しているのであろうか。

第3節　クラウド化と職場

3-1　情報技術の役割

前節では，1960年代以降の高度経済成長期において転換期を迎えつつあった80-90年代における，日本の組織経営の情報化の実態を確認した。特に90年代以降はテレコミュニケーションの実践としてのSOHOやグループウェアの登場によるコラボレーションの意義が論じられつつあり，情報技術の役割が改めて認識されていたといえる。

職場環境に大きな変容が生じたのは，IT革命の喧伝された2000年以降のことである。SOHOはそれに必要な情報環境が低価格化とともに高性能化し，しかもインフラ面でも各家庭にブロードバンド環境が普及したことで現実味を帯びたのである。また，オンラインに関して，B to B(企業間取引，BはBusiness)だけでなく，B to C(企業と顧客の取引，CはConsumer))のコミュニケーションが活発になったのも21世紀に入ってからであり，消費者向けのEC(Electronic

Commerce)が一般化されつつあった。経済産業省による2013(平成25)年度の「電子商取引に関する市場調査」においても，市場規模ではEC市場におけるB to Bの市場規模は269兆円(前年比102.8％)に対し，B to Cの市場規模は11.2兆円(前年比117.4％)である(なお，経済産業省の調査においては，オンラインネットワークで行われるものを広義のB to Bとし，インターネット技術に限定したものは狭義のB to B(186億円，前年比104.4％)とする)。これは，B to Bの市場規模が相対的にみてもきわめて大きいものの，市場規模の伸び率はB to Cが大きいこと，また，EC全体の市場規模自体がいまだに伸びつつあることがうかがえる(経済産業省，2014：5-6)。

　前述のSCMにおいてもB to Bでの活用だけでなく，B to Cにも応用され，BTO(Build To Order)やCTO(Configure To Order)により顧客が発注をしたものを，即時にカスタマイズして販売できるオンライン物販サービスが登場した。これは，製品の各種部品が陳腐化しやすいコンピュータの物販サービスなどで，在庫を最小限にしつつ最新の部品を組み込むことを可能にするなど，合理性を維持しつつ顧客の細かなニーズを反映できるようにした。その結果，「生産と消費」の区別があいまいになり，組織そのものの認識やその境界を引き直す必要にせまられている。

　さらに，広帯域のネットワークが一般化したことで，ASP(Application Service Provider)やSaaS(Software as a Service)が新しいネットワーク・サービスとして登場している。たとえば，これはそれまで一般的であったパッケージやディスクメディアでのソフトウェアの販売・提供ではなく，オフィスソフトや会計ソフトからCRM(Customer Relationship Management)ソフトに至るまで，各種ソフトウェアをネットワーク上のサーバーで提供するものである。では，パッケージからオンラインで提供されるメリットにはどのようなものがあるであろうか。

　SaaSやASPにはさまざまなメリットがあるが，特に大きな情報システム部署を配置できない比較的小規模な組織でも，保守・管理などの運用上のコスト

を低減させ，高機能で安定した環境の導入が可能となったのである。また，大多数の社員ユーザーが利用するクライアント・コンピュータは，ソフトウェアのインストールやアップデート作業が必要だが，一般にSaaSはウェブ・ブラウザ・ベースで動くウェブ・アプリケーション・ソフトとして提供されるため，サーバ上で一元的にアップデートなどのバージョン管理などができる利点がある。

3-2　クラウドサービスの登場

そしてこのようなシステムは，2005年から2010年ごろにかけてWeb2.0と共に流行語となったクラウド(cloud)・サービスの基礎となるものである。特に企業内コミュニケーションにおいては，基幹系業務であれば企業ごとに細かく仕様を変えることなく，ユニバーサルなシステムを共有化すればよい場合も多い。たとえば，銀行や図書館の業務などでそれぞれ組織としての専門性はあるものの，業種内では業務システムの内容にはそれほど差異はないので，独自のシステムを構築するよりもシステムを共有すればコストダウンも期待できる。① また，クラウド化のメリットとしてはシステムやデータの冗長化にも寄与する。② 以前はパーソナルコンピュータ上の作業でも，データのバックアップなどは個人の手作業や専用のアプリケーションシステムを導入した自動バックアップなどにより，個々に対応することが一般的であった。しかし，クラウド・サービスは，サービスを提供するサーバ自体を集中的に管理するため，クライアントユーザー側や社内の情報部門を意識することなく，品質の高い堅牢なシステムサービスを享受できる。

なお前述のグループウェアは90年代においては，企業独自に開発されることが一般的で，開発をアウトソーシングする場合，費用対効果は一定の組織規模や業種によって異なる部分も多かった。したがって，グループウェアが少人数での対話やコラボレーションを活性化させる利点があるとしても，そのようなシステムを導入するにはスケールメリットのある大規模組織のほうが導入しやすいなど，システム運用上のハードルが高かったことも事実である。

以上，情報技術を活用した在宅勤務やテレワークを支える技術的な前提を確認した。一方で，このようなワークスタイルは普及やその意義だけではなく，新しい課題とともに展望が開けてきたので，以下では認知段階から普及期に入りつつある今日のテレワークの意義と実態を論じる。その進展には，2000年以降の技術的トレンドと政策的展開の両面から考えることが重要性をもつと思われる。

　政府主導の新たなIT戦略として2006（平成18）年に「IT新改革戦略」が打ち出されたが，そのなかで「2010年までに適正な就業環境の下でのテレワーカーが就業者人口の2割を実現する」目標が掲げられた（IT戦略本部，2006：26）。情報通信の担当省である総務省だけでなく，各省庁がこれらの課題に取り組んでいる。たとえば，国土交通省は2002年から毎年継続的に「テレワーク人口実態調査」を行っていたが，2006年の国土交通省の地域活性化戦略でもテレワークについて言及している。なお，テレワーク人口実態調査は，図4-1に示されるように，「自営型狭義テレワーカー」と「雇用型狭義テレワーカー」に区別される。図4-1で明らかなように，調査開始時の2002年には雇用型が5.7％，自営型8.2％（全体で6.1％）に対し，2012年にはそれぞれ20.3％と

図4-1　テレワーカー率の推移

出所）　国土交通省都市局　都市政策課「平成25年度テレワーク人口実態調査」（6頁）

27.9%（全体で21.3%）に増加している。

　こうした調査の結果，2000年以前に登場していたテレワーキングが日本国内においてはほとんど未来学者の理念にとどまり一般化されていなかった実態が明るみになった。また，IT戦略がスタートした2002年から2008年にかけて急激に伸びたテレワーカー率は，2009年以降横ばい状況にあったものの，2012年まででは，雇用型と自営型それぞれ15ポイントから20ポイント近く増加しているので，IT新改革戦略の実現目標20%を超えていることがわかる。特に自営型テレワーカーについて，2011年以降は増加傾向にある。

　なお，総務省も「テレワーク導入率」として「常用雇用者100人以上の企業」を対象にした調査を継続的に実施し，1999年0.8%，2000年2.0%，2001年には急伸して7.7%となって以降は微増・微減を繰り返して，2012年には11.5%である（『平成24年度　通信利用動向調査（企業編）』：38）。国土交通省の調査では雇用型が2012年で20.3%であったが，一定規模以上の企業を対象に調査した総務省のそれでは11.5%に過ぎないことになる。

　総務省は普及の促進を目的として，2012年に「テレワーク導入・実施企業の事例集」を公開している。これによると，導入形態を三形態に分類している。それは「自宅利用型」「施設利用型」「モバイル型」であり，前者2つは国土交通省で用いられていた「自営型狭義テレワーカー」と「雇用型狭義テレワーカー」に相当すると考えてよいであろう。「モバイル型」は特に2010年以降に多く報告がなされるようになったものであり，これについては後述する。

　なお，国土交通省の用語のうち特に狭義テレワーカーとは表4-1のとおりであり，このなかにさらに狭義のテレワーカーとして「在宅型テレワーカー」が含まれ，さらにそれぞれが，雇用型か自営型かによって区別される。つまり在宅型テレワーカーは雇用型と自営型に分けられることになる。

　このほかにも，2006年のIT新改革戦略以降，テレワークの政策論議が散見され，2007年（平成19年）の「テレワーク推進に関する関係省庁連携会議」は「テレワーク人口倍増アクションプラン」，さらに同年の「ワーク・ライフ・バ

表4-1　テレワーカーの定義

□広義テレワーカー 　雇用者は，ふだん収入を伴う仕事を行っている人の中で，仕事でICTを利用している人かつ，自分の所属する部署のある場所以外で，ICTを利用できる環境において仕事を行っている人。 　自営業者は，ふだん収入を伴う仕事を行っている人の中で，仕事でICTを利用している人。 □狭義テレワーカー 　ふだん収入を伴う仕事を行っている人の中で，仕事でICTを利用している人かつ，自分の所属する部署のある場所以外で，ICTを利用できる環境において仕事を行う時間が1週間あたり8時間以上である人。 □在宅型テレワーカー 　狭義テレワーカーのうち，自宅(自宅兼事務所を除く)でICTを利用できる環境において仕事を少しでも行っている(週1分以上)人。

出所）　国土交通省都市局　都市政策課「平成25年度テレワーク人口実態調査」(2頁)

ランス推進官民トップ会議」は「仕事と生活の調和推進のための行動指針」を決定している。また，厚生労働省も2004年の「情報通信機器を活用した在宅勤務の適切な導入及び実施のためのガイドライン」を2008年に改定しており，これはテレワークによる労務管理上の問題への対応・指針を詳細に見直したものである。テレワーキングは空間を共有しないため，労務管理をどのように行うかといった新しい課題が現出しているためである。

3-3　テレワークの変容

　以上，2006年のIT新改革戦略以降の，各省庁のテレワーク普及の対応をみてきたが，最後にIT新改革戦略の元締めである総務省の取り組みを確認しておくことにする。総務省の『情報通信白書』は2000年代を通じて，テレワークについては継続的に言及しているが，2006年から2010年までとそれ以降とではテレワークに対する意味づけが多少異なっている。

たとえば，2010（平成22）年度は「テレワークによるサステナブル社会の実現」として，労働人口，地域格差，さらには環境問題との関連で論じられている（総務省，2010：63-77））。さらに「地域の活性化や絆の再生」として，すべての国民参加を支えるICTとしてテレワーキングが提示されており，女性，チャレンジド（障がい者），高齢者などの社会参加などがテレワーカーの対象として俎上に上がってきている。具体的には以下のような文脈で述べられている。

　「主権者たる国民が社会に参加する機会を保障することは民主主義の根幹であるが，ICTを活用することによりこれまで社会参加の機会がえられにくかった女性，チャレンジド（障がい者），高齢者などの社会参加を支えることが期待される。たとえば，ネットワークを通じて働くことを可能とするテレワークによる女性やチャレンジドの就労は，ワークライフバランス（仕事と生活の調和）に貢献し生活の質を向上させるだけでなく，地域社会の人びととのふれあいを通じて地域の絆を再生する効用がもたらされると考えられる」（総務省，2010：63）。

　これは多様な人びとの社会参加をテレワーク環境により支援する環境構築に主眼を置いている。しかし，2011年以降になると，テレワークの意義は少しばかり変容している。特に総務省は2011年の東日本大震災後は復旧や復興といった文脈でテレワークの意義を論じるように変化している。実際，東日本大震災直後は，さまざまなインフラが機能不全におちいり，企業によっては在宅勤務を命じるケースもみられた。

　たとえば，NTTデータ経営研究所の調査による，「企業に広がる柔軟な働き方：東日本大震災後のワークスタイル変革」は，テレワーク実施企業は20％であり決して高い数字ではないが，それらの70％以上が「計画停電や直後の交通状況のなかでも支障なくテレワーキングが可能であった」ことが示されている。また，夏場の計画停電や震災害への備えとして，テレワークなどの備えが必要性と感じる企業が75.9％であった（未実施企業では46.3％）（『情報未来』No. 37，2011：54-55）。

　テレワークに関して『情報通信白書』では「ICT利活用による国民生活の向

上と環境への貢献」を経年調査しているが，平成23年版からテレワークの推進を一貫して位置づけており，逆にこの3年間はほとんど変化がなかった。ところが，平成25年版(2013)になると，情報通信白書はテレワークを以下のように位置づけている。

「『テレワーク』は，情報通信技術を活用した場所と時間にとらわれない柔軟な働き方であり，仕事と生活の調和（ワーク・ライフ・バランス）を図りつつ業務効率・生産性の向上を実現し，少子高齢化，地域活性化などの課題解決にも資するものとして期待されている。また，大規模災害やパンデミックなどが発生した際のBCP（業務継続計画），節電対策及び環境負荷軽減にも有効な手段として期待されている」（『平成25年版　情報通信白書』：423）。

つまり，テレワークの考え方が，今日，日本社会が抱える諸課題の解決に資する万能薬に拡大しているのである。

最新の『平成26年版　情報通信白書』になると，上記の経年調査とは別に，「ICTの進化によるライフスタイル・ワークスタイルの変化」を特集している。その特徴は，スマートフォンやファブレット，タブレットなどの新しいデバイスだけにとどまらず，企業向けから個人利用を想定したパーソナル・クラウドに至るまで多様なサービス展開が報告されていること，さらには，テレワーキングの実態や課題など多岐にわたる点にある。そしてICTによる社会参加としてあげられてきた，女性／男性育児参加の支援や，高齢者，チャレンジドなどの参加ではまだ十分に活用されていないことなどが指摘されている。特に女性の出産に伴う労働力人口の増減（いわゆる30歳前後で落ち込むM字カーブ）に対し，在宅での仕事を希望する割合と実際に在宅ワークや内職をしている数のギャップが大きく開いていることからも，テレワークの制度設計にはまだまだ認知と制度設計双方を進めてゆく余地がある。高齢者より若者，女性より男性においてテレワークが浸透している実態からも，一種のデジタルデバイド（情報格差）として現状をとらえることもできよう。

近年では，安倍内閣における「成長戦略」の一環としても，テレワークが位

置づけられており，安倍首相自身が「女性が輝く社会に向けた国際シンポジウム（2014年9月）」でIT活用によるテレワークの普及推進を宣言したが，十分な制度設計のない場合，現状はむしろ逆の状況になりかねないのである．

3-4 ワークプレイスの動向

　これまで論じてきたワークプレイスは職場と家庭の二分法を問い直すものであったが，いずれにせよ「初めにオフィスありき」であったことは否めない．組織研究を歴史的に辿ってみても，そのような構図で職場やワークスタイルを理解することに一定の妥当性があったことは事実である．ただし，2010年以降になると，個人がすでに情報端末を複数所持していることも珍しくなくなった．特にそのような自前の情報環境をそのまま仕事でも活用しようという逆転の発想がBYOD（Bring Your Own Device）である．これは，会社から貸与されたICTではなく，日常生活で慣れ親しんだ自前の機器を活用することに特徴がある．自宅の電話で仕事上のやり取り程度の作業は旧来でも可能であったが，BYODでは自己所有するモバイル・メディア（スマートフォンやタブレット，モバイルPCなど）の活用が議論の中心である．企業側はコストカットの側面だけでなく，社員へのインセンティブとしてもモバイル・メディア購入に補助金などを支給しているケースもあるほどである．

　ただし，BYODの場合，勤務する会社内でもアウトソーシング先でもない，社員自身がセキュリティの管理者となるため，運用上のセキュリティポリシーなどを決めておく必要がある．また，オープンな運用となる点で，情報漏えいやウイルスへの対応，利用サービスへの動作検証や互換性などは，通常の組織一括導入とは異なるからである．仮にBYODにおいて個別の環境への対応を企業内の担当者が逐一確認するようなことになれば，むしろ管理上の人件コストは高くなるため，現在はIT企業や情報機器にある程度習熟している社員の多い職場などに限定されている．

　なお，このようなセキュリティやプライバシーポリシーなどに関する問題は，

BYODにおいて顕著であるものの，やはり職場を離れてサービスにアクセスする場合は常に付きまとう問題である。もちろん，企業によって貸与されるシステムは動作検証やセキュリティに関してもBYODより安全性は高い。総務省は，このような状況を踏まえてモバイル・メディアの普及などに対応すべく，2013年に「テレワークセキュリティガイドライン(第三版)」を改定している。

モバイル機器の普及に伴う，このような新しいワーキングスタイルやワークプレイスの発想は新しい協働のあり方である「コワーキング(Coworking)」として論じられる。たとえば，ボッツマン(Botsman, R.)らは，新しいライフスタイルを「シェア」の観点から論じるなかで，コワーキングを次のように説明している。

「コ・ワーカーたちは，共有の仕事スペースが自分にとってどんな意味があるかについて，機能面からではなく，感情面から，たとえば『ふれあいの中心』や『お互いの利益になる同好会』といった言葉で説明する。スペースの内装や雰囲気はさまざまだが，どれもコーヒーショップのいいところ(社交的，エネルギッシュ，クリエイティブ)とオフィスのいいところ(生産的，機能的)を組み合わせたものだ。コミュニケーションと協調行動について研究するフランス人社会科学者，ドミニク・カルドンとクリストフ・アギトンは，コ・ワーキングは『第三の場所』をつくりだしていると言う」(ボッツマン&ロジャース，2010 = 2010：215)。

今井らが論じたネットワーク組織においても，すでにある程度このような「第三の場」的空間は論じられていた。また，上記で言及されているカルドンらは公共空間を論じているため，「第三の場」はネットワークというよりは，コミュニケーション空間の成立に着目したものといえる。しかし，着眼点が「空間かそれを支えるネットワーカーか」という違いはあるものの，おそらく両者ともにかつてのイギリスのコーヒーハウス的な空間を意識していることに相違はない。

また，組織論においてはかつてのバーナードが協働に際して，公式組織における非公式組織の重要性を強調していたことも想起される。コワーキングスペ

ースでの空間は，形式化されない非公式のコミュニケーション空間であり，組織から逸脱した，非公式組織とも解釈可能であり，また，公式／非公式の区別を反転させた空間ともいえる。

考えてみれば，家庭／職場の二項図式は，たとえばひとり暮らしのワーカーにとっては，ひたすら社会的孤立や孤独感を増幅する場合も想定される。現代的な新しいコネクションやネットワークの仕組みを，ワークスタイルやワークプレイスの観点からとらえ直したものがコワーカーである。このような空間はアメリカ西海岸だけでなく，すでに日本国内でも都市部に数多く散見される。

また，コラボレーションの構造も新たな兆候が登場しつつある。タプスコット(Tapscott, D.)らは，ネット時代の新たな社会構造としてマス・コラボレーションをオープン型のコラボレーションとし，それらをまとめて「ウィキノミクス」として論じている。オープンな参加型のコラボレーションは，まさに仕事があって分業を行うといったものではなく，参加を通じて新たなものが創出されるダイナミックな社会現象である。

「コラボレーションによって増進されるのは，商業的価値のあることだけではなく，遺伝病を治したり，気候変動を予想したり，新しい惑星や恒星を見つけたりといった公共性の高いことも行われている」(Tapscott, D., 2006 = 2007：22)。

タプスコットは，マス・コラボレーションの例として，WikipediaやYouTube，Linuxをあげ，また，ピアプロダクションとしてSNSによる無数の人と企業のオープンなコラボレーションを通じたイノベーションをあげている。

もっとも，マス・コラボレーションの議論ではWikipediaなどのサービスに着想をえて，ネットワーク社会におけるコラボレーションが，旧来の少人数で閉じた専門家によるものではなくなってきている点に注目している。実際，タプスコットらは，創造的な消費者のありようとしてトフラーが『第三の波』において「プロシューマー(Prosumer)」とし，すでに提起した概念をもとにしている。

3-5 移りゆくワークスタイル

このように，情報化とワークスタイルのひとつの帰結として，組織が最初から固定的に存在しているのではなく，発注者が提示した案件に対し，フリーランスのワーカーをマッチングさせることで，組織は事後的に成立する仕事形態が登場しつつある。『平成26年版　情報通信白書』でも大きく論じられている「クラウドワークス」は，次のように定義されている。

「クラウドソーシングとは不特定の人(クラウド＝群衆)に業務を外部委託(アウトソーシング)するという意味の造語であり，発注者がインターネット上のウェブサイトで受注者を公募し，仕事を発注することができる働き方の仕組みで欧米などを中心に普及が進んでいる」(総務省，2014：210)。

ただし，このような潮流は，特に欧米を中心に事例報告がされてきたものであり，日本においてこのようなワークスタイルが定着するかどうかは未知数である。冒頭から繰り返してきたように，組織の規範や組織観は，その組織が因って立つ文化的・社会的・経済的要因に拘束される部分も多く，単に技術的な問題ではないからである(たとえば，クラウドワークスは労働市場での人材の流動性が高いことが前提であるが，日本のIT業界をみてもシステム開発に際しては，下請け，孫請けによる発注形態が業界の慣例となっている)。

以上，職場や組織と情報化の関わりは，単に既存技術をハイテク機器に置換するだけではなく，組織構造の変容や新たなネットワークの形成，さらには多様化する個々人のライフスタイルやワークスタイルに合わせた形で論じるべきである。その結果，冒頭に述べたように，それは組織がさまざまな新しい技術を織り込みつつも，その一方で新しい技術を選択的に取り込みながら組織形態そのものをも変容させており，一種の自己循環的な関係を形成していると言える。仮に，その前提となる条件をあげるとすれば，旧来の組織への忠誠でも極度の個人主義でもなければ，技術中心主義でもない多元的社会であると言えるが，それはこれまでのテレワーキングの普及と実践を辿ってもわかるように，旧来の因習や慣習との間で現代社会の新しい社会問題と向き合わざるをえない

状況にあると言える。

引用・参考文献

IT 戦略本部(2006)「IT 新改革戦略」(平成 18 年 1 月 19 日)
今井賢一・金子郁容(1988)『ネットワーク組織論』岩波書店
梅棹忠夫(1963)「情報産業論―きたるべき外胚葉産業の時代―」『放送朝日』1963 年 1 月号, 朝日放送, および梅棹忠夫(1988)『情報の文明学』中央公論新社
NTT データ経営研究所　ワークスタイル変革研究ワーキンググループ(2011)「企業に広がる柔軟な働き方：東日本大震災後のワークスタイル変革」『情報未来』No. 37(2011/7)：52-65
経済産業省(2014)「平成 25 年度我が国経済社会の情報化・サービス化に係る基盤整備(電子商取引に関する市場調査)報告書」
国土交通省都市局　都市政策課(2013)「平成 25 年度テレワーク人口実態調査」
総務省(2010)『平成 22 年版　情報通信白書』
総務省(2012)「平成 24 年度　通信利用動向調査(企業編)」
総務省(2012)「テレワーク導入・実施企業等の事例集」
総務省(2013)「第 5 章　第 5 節 ICT 利活用による国民生活の向上と環境への貢献」『平成 25 年版　情報通信白書』421-428)
総務省(2013)『平成 25 年版　情報通信白書』
総務省(2014)「第 4 章　第 1 節　ICT の進化によるライフスタイル・ワークスタイルの変化」『平成 26 年版　情報通信白書』169-240
総務省(2013)「テレワークセキュリティガイドライン(第 3 版)」
西垣通ほか(1992)『組織とグループウェア』NTT 出版
三戸公(1994)『「家」としての日本社会』有斐閣

Barnard, C. I. (1938) *The Functions of The Executive*, Harvard University Press. (山本安次郎・田杉競・飯野春樹訳, 1968『経営者の役割』ダイヤモンド社)
Bell, D. (1973) *The Coming of Post-industrial Society*, Basic Books. (内田忠夫ほか訳, 1975『脱工業社会の到来　上・下』ダイヤモンド社)
Bertalanffy, L. v. (1968) *General System Theory: Foundations, Development, Applications*, George Braziller. (長野敬・太田邦昌訳, 1973『一般システム理論 その基礎・発展・応用』みすず書房)
Botsman, R., Rogers, R. (2010) *What's mine is yours.*, Harper Collins. (小林弘人監訳, 関美和訳, 2010『シェア　〈共有〉からビジネスを生み出す新戦略』NHK 出版)

Drucker, P. F. (1939) *The End of Economic Man*, The John Day Company.(上田惇生訳，2007『「経済人」の終わり』ダイヤモンド社)
Drucker, P. F. (1969) *The age of discontinuity; guidelines to our changing society*, Harper & Row.(上田惇生訳，2007『断絶の時代』ダイヤモンド社)
Drucker, P. F. (1973) *Management: Tasks, Responsibilities*, Practices, Harper & Row.(上田惇生訳，2008『マネジメント　上，中，下』ダイヤモンド社)
Drucker, P. F. (1990) *Managing the Nonprofit Organization*, Harper Collins,（上田惇生訳, 2007『非営利組織の経営』ダイヤモンド社)
Drucker, P. F. (1993) *Post-Capitalist Society*, Harper Collins.(上田惇生訳，2007,『ポスト資本主義社会』ダイヤモンド社)
Fromm, E. S. (1941) *The international library of sociology and social reconstruction*, Rinehart.(日高六郎訳，1965『自由からの逃走』東京創元社)
Galbraith, J. K. (1978) *The New Industrial State. 3rd ed.*(都留重人監訳，1980『新しい産業国家』TBSブリタニカ)
McLuhan, H. M. (1964) *Understanding Media: The Extensions of Man*, McGraw-Hill.(栗原裕・河本仲聖訳，1964『メディア論』みすず書房)
Merton, R. K. (1957) *Social Theory and Social Structure: toward the codification of theory and research*, Free Press.(森東吾・森好夫・金沢実・中島竜太郎訳，1961『社会理論と社会構造』みすず書房)
Riesman, D. (1961) *The lonely crowd: a study of the changing American character*, Yale University Press.(加藤秀俊訳，1964『孤独な群衆』みすず書房)
Tapscott, D. and Williams, A. D. (2006) *Wikinomics: How Mass Collaboration Changes Everything*, Portfolio.(井口耕二訳，2007『ウィキノミクス』日経BP社)
Taylor, F. W. (1911) *The Principles of Scientific Management.*(上野陽一訳，1932『科学的管理の原理』同文館)
Toffler, A. (1980) *"The third wave"* William Morrow & Company.(徳岡孝夫監訳，1982『第三の波』中央公論社)
Weber, M. (1920) *Die Protestantische Ethik und der "Geist" des Kapitalismus.*(大塚久雄訳，1989『プロテスタンティズムの倫理と資本主義の精神』岩波文庫)
Weber, M. (1921-1922) *Grundrisses der Sozialökonomik, III. Abteilung, Wirtschaft und Gesellschaft*, J. C. B. Mohr (Paul Siebeck).(阿閉吉男・脇圭平訳，1958『官僚制』角川書店)
Weber, M. (1956) *Wirtschaft und Gesellschaft, Grundriss der verstehenden Soziologie*, bierte, neu herausgegebene Auflage, besorgt von Johannes Winckelmann, Mohr.(世良晃志郎訳，1960『支配の社会学I』創文社)

第5章

地域の情報化

第1節　地域社会からネット・コミュニティへ

　本書の共通認識は，インターネットなど情報メディアが人間関係や社会の諸活動に大きな変化を促していることにある。本章では地理的に近接した生活から生まれる地縁に基づく社会関係＝「地域コミュニティ」が，メディアの発達や他の社会的変化に伴って変容した様相をみてゆく。地域の情報化という社会変化の深まりによって，地域情報と住民の関わり方がいかに変容し，そこに住まう人びとにどのようなメリットや影響があったのだろうか。

　結論を先取りしていえば，地域社会を対象エリアとする情報発信活動とインターネットでのコミュニケーションの浸透を経た今日では，直接性・近接性に基づかないオンライン上で取り結ばれるコミュニティ（「ネット・コミュニティ」）が主流になりつつある。さらに地域コミュニティと，ネット・コミュニティのハイブリッド型ともいえる，特定地域にコミットするネット・コミュニティ（これを「ローカル・ネット・コミュニティ」と表記）も各地に存在しており，今後の動向が注目されている。しかし，ネット・コミュニティは地域社会に基盤を置いている／いないにかかわらず，インターネットのメディア特性から派生する問題・課題点が複数存在していることを認識しなくてはならない。こうした流れのなかで，現代人の「地域」に対する認識・とらえ方が大きく様変わりしていることも取り上げておきたい。

最初に本章の前提となるキー概念をいくつか説明しておこう。

第2節　地域社会と情報化

2-1　コミュニティとは何か

　コミュニティ（community）という言葉は，使用する論者や文脈によってさまざまなバリエーションをもつ。定義からすれば「何らかの共通性をもつ人びとが連帯性を保持しながら結びついている状態」（町村敬志，2002：326）を指す。人びとのつながりを示すコミュニティには，大きく分けて2つのタイプがある。〈共同体志向のコミュニティ〉と，〈機能志向のコミュニティ〉である。本章では，コミュニティの社会に占める比重は，前者から後者へ主軸が移動しつつあることをみていく。

　日本においては，2011年3月11日の東日本大震災以降，人びとのつながりや絆の尊さを強調するような文脈のなかで，人びとの共同生活を営む基盤として「コミュニティ再生」の必要性が叫ばれた。コミュニティがもつある種の政治的，歴史的な意味合いはほぼ脱色され，"かつてあって，今では失われた温かい場所"といったユートピア的存在として，わたしたちに提示されている。

　世界的にみても，コミュニティはグローバリゼーションが進行するなかで，「ローカル（local）」という言葉などと共に再び脚光を浴びている概念である。地域社会という意味内容で言えば，両者にさほどの違いがあるわけではないが，社会科学ではコミュニティという術語が頻出する。英国の社会学者デランティ（Delanty, G.）は，「古典的な社会学者たちはコミュニティの消滅を確信していたのであるが，事態はそれとは著しくかけ離れている。コミュニティは今日の社会・政治状況のなかで復活を遂げつつあり，世界的規模でルーツ探しやアイデンティティの探求，帰属に対する欲求を生み出している」（Delanty, G. 2003＝2006：3）と論じている。コミュニティはますます不確実性が増してゆく世界の

なかで"安全性と帰属"を与える源泉として再発見されたのであり,「政治の基盤である国家のオルタナティブ」と見られるようになってきたと断定している。

再度,日本の文脈を確認するならば,コミュニティ＝地域社会という連想が強いが,その崩壊がいわれて久しく,ノスタルジーの対象ともなっている。さらには,1990年代以降の「不安社会」化により,治安・防犯といった特定分野でのコミュニティ活動を強化する動きも顕在化しており,ゲートコミュニティ,セキュリティ志向のコミュニティなどといったものが人口に膾炙するようになっている[1]。これらはコミュニティの再希求ということを連想させるものであるが,個よりも集団を重んじるような運命共同体的な社会関係への希求は限定的なものに留まるのではないだろうか。従来のコミュニティに代わって,新たなコミュニティの形の模索が続けられているのである。

2-2　地域情報化という言葉をめぐって

日本ではよく使われる言葉として「地域情報化」というものが存在する[2]。この言葉についての定義はおおよそ集約的にいえば,「各地域に情報メディアや情報通信システムなどを導入することを通して,その地域を活性化させたり,利便性を高めたりする政策」(田畑暁生,2005：9)を意味し,1970年代から使われるようになった。その目的として想定されていることとしては,①地域情報の地域外への発信,②防災対策,③行政広報,④保健医療・福祉体制の強化,⑤行政サービスの向上,6)地域産業の活性化などを指し,さらには,田畑(2005：9)はこれに「情報(化)格差の是正」を含めている。

地域情報化はさまざまな主体によって進められてきたが,社会学者の小林宏一(2002：579)が指摘するように,日本において顕在化した形で推進されてきたものとして中央官庁主導による地域情報化政策があり,地域情報化という言葉は,多くの場合この政策の文脈において使われてきている。

現在でも地域情報化という言葉は,多くは行政主体による情報化,電子自治体や行政の電子化といった行政内部の情報伝達や共有といった意味であるが,

さらに地域全体の情報化といったところまで非常に幅広い分野をカバーしていることには留意しておきたい。そのように中央官庁の施策から始まったものが，行政セクター，企業セクターなどを経て一般生活へと浸透し始め，国民の日常生活も徐々に変化しつつある。

本章では，行政を除く地域社会全体，そして営利団体（企業），非営利団体（社団法人，NPO），そして何より"住民主体"の情報化を検討する。

しかし，それでもなお地域における情報化の意味するところはよくわからないままである。情報化とは具体的にどのような事態を指すのであろうか。小林の指摘によれば，「情報化は目的ではなく，何らかの政策目標をより実り多いかたちで達成するための手段である」という原則が忘れられ，「情報化のための情報化」に走る動きも依然として目立つ（小林，2002：580）。

また小林の地域情報化の定義は「情報通信技術とりわけコンピュータ・コミュニケーション技術の成果を地域社会の諸活動に導入することにより，住民福祉の向上，地域経済・文化の活性化，地方行政の効率化を図ろうとする試み，ないしその過程」（小林，2002：579）となっており，コンピュータという情報通信技術が大きな規定要因になっている。コンピュータによって技術的に可能なことはおおよそ理解できても，その意味することはまだわかりづらい。情報化の具体的な成果としての"果実"はどのようなものであり，実際に人びとの生活にどのようなメリットと恩恵をもたらしたのかということについては，いまだに実証的研究の蓄積は乏しいと思われる。そのような論考が少ない要因としては，何をもって効果・影響を数値化するのかといったように実質的な測定が難しいことが考えられよう。

しかし，時代とともに得られる地域に関する情報が増加し，なおかつ質的に高度化していることは確かであろう。後述するようにインターネットというメディアによるところが大きく，そこから多様な情報がインタラクティブに引き出され，しかも自身が関わり合いながら生成，発信できるようになってきているのである。

地域情報が豊富に，また入手可能性の大幅な向上といった地域の情報化のメリットは，地域社会や住民にとってどのような意味をもつのか。《意思・態度や行動決定の資源》としての情報という定義にパラフレーズするならば，"快適な地域生活を送るための個人あるいは集団レベルでの活動が，それによってエンパワーされる資源としての情報"が，普通の生活で充足されることが重要なことである。住民にしてみれば，その人にとって有効と思われる情報がどういった媒体で手元に届くのかについてもある程度重要になってくる（しかもできるだけコストがかからず，ストレスフリーであること）。次に媒体としてのメディアについてみておこう。

2-3　メディアと情報化

　メディアの主な役割は，情報伝達することであるが，その影響力は広範囲にわたる。メディアによって，コミュニケーションのあり方そのものや感覚，とらえ方が変化させられるという点にみられるだろう。特定メンバーに情報メディアのツールが行きわたることで，意志さえあれば，メンバー間でいくらでもコミュニケーションをとることができようになった。インターネットという道具は，メンバーシップを有する特定の人しかアクセスできないというクローズドな例外事例を除けば，全世界とつながる可能性をもっている。

　ところで，メディアの役割を論じる際にたとえば「インターネットという情報通信技術によって，地域での社会関係やコミュニケーションの仕方がこのようにドラスティックに変化した」といったような説明がなされることが実に多い。これは情報通信技術（ICT: Information and Communication Technology）などの技術的な要因が主原因となって，社会・文化の変化が結果的に引き起こされるという構図であり，「技術決定論（technological determinism）」とよばれる考え方である。しかしその一方向・一面的なモデルの素朴で単純な説明の仕方ゆえに，これに対する批判も多い。技術決定論に相対するものは社会構成主義とよばれるアプローチである。これによれば，地域社会や住民側といったユーザ

ーサイドにおいて情報通信技術の登場が渇望されており，そのニーズに合致した結果として，情報通信技術が採用されて普及していくと解釈する視点である。

本章でも強調しておきたいのは，情報通信技術が一方的に社会や文化に作用を及ぼすという関係だけではないことである。換言すれば，情報通信技術はそれ単独で機能するわけではなく，生起する文脈でのいくつかの変数に依存することである。もちろん技術による社会への影響を等閑視するというわけではなく，地域社会そのものの変容と情報通信技術導入の相互作用のなかで全体的な布置が形成されるものと考える。上記で言うところの独立変数として《地域社会》サイドの要因があり，それに資するような情報通信技術が採用され，ユーザーの意向に沿うような形で情報通信技術が馴致され用いられてゆくのである。そして情報通信技術によって可能になったことにより，地域社会を構成する個人の生活および意識が変化する。そしてまた次の情報通信技術に対するニーズが形作られていく…という相互作用の構図である。

次節からは，こうした理論装置に基づきながら，1990年代後半のインターネット普及以前と，それ以降に分けて，地域社会が情報化されていく諸相をスケッチしてみよう。

第3節　ネット社会以前の地域情報化

3-1　人びとのつながり方の変遷

地域社会における人と人のつながりは，かつては日本社会に強固なものとして存在していた。奥野信宏・栗田卓也によれば，古くから日本では「公共」は地域共同体の生活のなかにあった。それは特別なことではなく，日常の生活や暮らしを支える基本であり，地域住民の協働によって支えられていた（奥野・栗田，2012：25）。1960年頃まではこうした結びつきは厳然と存在していたのである。1960年代以降は，それまで協働で営まれてきた地域内での出来事も

行政任せになり，税を徴収して行政が担うようになった。協働の衰退とともに，人と人のつながりは希薄化する傾向が強まった。

　地域社会を基盤とした人間関係中心のコミュニティという場合には，地縁がその構成原理となっている。しかし，人のつながりを示す「縁」という言葉は，他にも見られる。アジア・太平洋戦争後の日本では，地縁といった結びつきが所与のものでなくなり弛緩する一方で，それに代わるように学校や職場組織といった個人が所属する関係性，すなわち「学縁」「社縁」とよばれるようなものに，個人はより強く帰属意識をもつようになっていった。もちろん学校も会社組織も成り立ちとしては機能集団（アソシエーション）であるが，強固な情緒的な結びつきが生じるといった点で，コミュニティ化している現状がみられる。

　さらには「情報縁」という，これまでになかったようなつながり合いの契機もみられるようになった（浅岡隆裕，2012）。興味・関心が同じ人の集まりを指す「コミュニティ・オブ・インタレスト（community of interest）」は，その代表例として挙げられよう。この用語は，共有された興味やアイデンティティを保持しているグループであると定義される（Chandler, D. and Munday, R., 2011：128）。学縁，社縁がそうであるように，かつてあったような地理的近接性といったコミュニティの必要条件はここにはみられない。むしろコアな興味・関心の一致ということが，情報縁を基盤にしたコミュニティの結束力を高いものにしていくのである。

　マス・メディアの発達により，空間的に離れている個人同士がさまざまな形で連携を強めることを可能にした（浅岡，2012）。地縁が圧倒的な存在感をもっていた社会から，情報縁で取り結ばれる社会へと変化しつつあった。こうした胎動はインターネットという情報通信技術が生み出される以前から存在しており，そういった意味で言えば，インターネット以前・以降ではさほど大きな違いはないと断言しても差支えがない。あるとすれば，インターネット普及以降では，こうした流れがよりドラスティックなものになっていったということである。社会構成主義的に言えば，情報縁といったようなつながり方への志向が

見られ始め，そうした流れのなかでパソコン通信およびインターネットというメディアが社会的に普及していったと考えるべきであろう。縁の比重も地縁といったような偶然に生まれ落ちる運命的・宿命的なものから，選び取ることが可能な「選択縁」といったようなものへと変容しているのである。

　ここでは結論を急ぎすぎてしまったきらいもあるが，地域社会のなかで情報の共有はどのようになされていたのであろうか。次にその点についてみておくことにしたい。

3-2　地域メディア

　地域の情報を伝え，地域住民や関係者のコミュニケーションを促進するメディアの役割は重要である。地域の情報化に寄与したものとしては，地域メディアという存在なしでは語れないだろう。地域メディア（community media）を定義しておくと，国家全体ではなく，「一定の地域社会の構成員を対象とするメディア」（大石裕，2002：581）を指す。代表的なものとしては，地方紙，ローカル放送，地方自治体の広報誌・紙，地域ミニコミ誌などを指す。表5-1で挙げたように，メディア研究者の竹内郁郎は2軸を交差させて，マトリクスとして地域メディアを分類・提示している（竹内，1989：7）。この概念図では「地域」を二分している。「地理的範域をともなった社会的単位」＝地縁的なものと，

表5-1　1989年当時の地域メディアの諸類型

		「メディア」の類型	
		コミュニケーション・メディア	スペース・メディア
「地域」の類型	地理的範域をともなった社会的単位	自治体広報，地域ミニコミ紙，タウン誌，地域キャプテン，CATV，県紙，県域放送	公民館，図書館，公会堂，公園，広場
	機能的共通性に基づく社会的単位	サークル誌，ボランティアグループ会報，各種運動体機関紙，パソコン・ネットワーク	クラブ施設，同窓会館，研修所

出所）　竹内（1989：7）より

「機能的共通性に基づく社会的単位」＝選択縁的なものという軸である。前者は，コミュニティ，後者は機能集団＝アソシエーション（association）という社会学的な集団類型の枠組みを想起すればよい。機能集団はそのものの関係の取り結ばれ方は，地理的近接性に基づいており，同一地域の居住ということを背景にしていたことも留意しておきたい。インターネット普及以前では地理的近接性が人間関係の規定条件となっていた一例と言えよう。

　またもうひとつの軸は，メディア媒体特性に応じた類型である。印刷，放送といったようなプログラム内容を持ち情報伝達をする「コミュニケーション・メディア」と，さまざまな情報が発せられ，また交流可能な具体的な場所性に注目した「スペース・メディア」という区分である。後者では地域住民が交流する場まで拡大して，地区の公民館，教会，図書館，広場なども範疇に含めることが可能とされる。

　これはインターネットが社会的に浸透する前の地域メディアの一覧である。

　発達史的に言えば，地方紙，地方誌といった定期刊行物や，ミニコミといった印刷媒体から始まっている。こうした物理的に受け渡しが必要なものが情報提供の主な手段であったといえる。これらのメディアの共通した特色としては，制作・流通（配布）過程に非常にお金がかかること，また流通が困難で限られた範囲内でしか配る＝情報発信ができなかった（本当に必要な人に届かない可能性），そしてプロフェッショナルな作り手に部分的あるいは全面的に作成作業をゆだねることとなった点が指摘できよう。地方自治体，新聞社・放送局，出版社といった特定の情報産業による組織的な活動やそれほど組織立ってはいないものの特定団体（サークルなど）や個人が発信の担い手となっている。

　表中に存在するなかで，モニター上の静止画面で各種のエリア情報を伝達する「地域キャプテン」は使い勝手の悪さや情報ニーズをとらえきれずに事業そのものが消滅してしまった。「パソコン・ネットワーク」は，電話回線を通してパソコンユーザー同士がテキストベースのコミュニケーションを交わす場を提供したが，その後継として新しいメディアとしてのインターネットというカ

テゴリーへ吸収合併・引き継がれた。退場を余儀なくされたメディアはほとんどなく，多くの既存メディアが積み重ねられた結果として，今日のような重層的でもっとも充実した地域メディアの空間を現出させている(浅岡, 2007)。

3-3 電話という新技術とモータリゼーションによるインパクト

　メディアは心理的に距離を縮小するといった側面がある。メディア研究者のガンパート(Gumpert, G.)は次のような話を引用している。電報通信が普及し始めの頃，思想家ソーロー(Thoreau, H. D.)が次のように書き記した。「メイン州からテキサス州まで電信線を敷設するのに，われわれは大わらわになっている。だがメインとテキサスでは，話し合うほど大事なことなど何もないのかもしれない。…どうやらその主目的は，手っ取り早く話をすることで，分別のある話をすることではないようだ」(Gumpert, 1987＝1990 : 26)。この話を引きながら，ガンパートは次のように指摘した。「だがここでソーローが見落としたことがある。それはメインとテキサスとの距離が縮まったという，どうにも打ち消しがたい事実だった」。

　補足するならば，影響は2地点が点同士でつながったことで，物理的にコミュニケーションができるようになったことに留まらない。それ以上に，心理的な距離感が縮小されて，遠からず両者のコミュニケーションが活性化し，それゆえに同一の感情が共有されるようになることが容易に想像される。換言すれば，コミュニティ形成のためには地理的近接性が必然とされたが，A点とB点を媒介するもの(たとえば鉄道，自動車そして多くの場合，メディア)が登場することで，必ずしも近接性が必要十分条件ではなくなったということであろう。電話は近接性を条件としない初めての日常的なコミュニケーション・メディアであった。

　ところで，電話についてのこうした記述は，日本という文脈では少し留意すべきである。つまり，日本においては電話というメディアは明治時代にすでに導入されていたが，当初からあまり普及せずに，一般家庭に入るのはやっと

1970年代半ば以降のことである(松田美佐，2012：24)。それまでは，電話はパーソナルメディアでありつつも，「長らく『ご近所』といった共同体に所有されるメディアとして利用されてきた」(松田，2012：23)のである。固定電話は1970年代以降やっと各家庭に普及し始め，1990年代には「コードレス電話」が登場し，家庭のなかでもかなりパーソナルな使用をされるようになった。その後，同一住宅に居住していながらケータイというメディア空間を通じての関係性がかろうじて維持される，あるいはより強くなっているという現代的な家族＝血縁関係がみられる。

　電話メディアに関していえば，その普及率の上昇や使用法の変化によって，地域社会レベル，家庭レベルそれぞれの地縁，血縁コミュニティがばらばらになっていくことを結果的に促進させることになった。

　点と点を結ぶ媒体としての自動車が社会に浸透していく車社会化＝モータリゼーション(motorization)によって人びとは移動の自由を確保した。具体的に数値をあげるならば，高度経済成長期を通じて，物質的に豊かさを享受する社会になり，1967年には自動車台数が1,000万台，そして1977年には3,000万台に達するなど「怒涛のようなモータリゼーション」が進行した(高田公理，1994：788-89)。過疎地域を中心に人口減少によって公共交通機関は廃止や縮小の一途を辿っており，自家用車がないと「生活の足」が確保できない地域が国土の大半を占めるに至っている。こうしたやむを得ない事情も背景として，モータリゼーションは間違いなく人びとの生活圏を広域化させている。広域化したことにより人びとの選択肢は広まり，比較検討することにより実際の行動を決めていくことになる。こうしたことから広域の生活圏に関する情報ニーズ(とりわけ消費やレジャー，行楽に関する情報)の高まりがみられるようになったと推察される。たとえば観光地の事業者といった発信者の立場に立てば，より魅力的な情報を効果的に発信すれば，かなり広範囲からの集客が期待でき，経済的効果も認められるということを意味する。

　さらに言えば，大きな幹線道路沿いを中心に，東京資本の流通・小売店舗が

並び，都市的なライフスタイルが全国に普及していく。こうしてみると，地域の固有性，かけがえのなさがみられずに，どんどん均質化していくことが見込まれる。同時にもともと自足的で閉じた地域性がどんどん開放されていくことになる。結果的に人びとが求めるものは，居住地域である狭いエリアの地域情報よりも，自家用車で移動することを前提とした広域の地域情報ということになるのではないだろうか。こうした生活圏の広域化というベクトルおよび個人の都市的ライフスタイル志向は，特定地域社会への深いコミットメントを減ずる傾向を強めることになる。

3-4 地域情報流通の旗手としてのケーブルテレビ

ケーブルテレビ(Community Antenna Television)はもともと難視聴対策として共同のアンテナを設置し，そこからケーブルを通じて受信したテレビ信号を各家庭に引き込んだということに由来する。NHKや民放テレビの番組の受信にとどまらずに，コミュニティチャンネルという自主放送の枠をもち，地域独自の映像を放送している。

日本におけるケーブルテレビの自主放送は，岐阜県の郡上八幡テレビの事例を嚆矢とする。1963年9月2日開局を迎え，お寺のホールで行われた「GHK-TV開局記念放送～みんなでつくる楽しい放送　八幡町民芸能大会」として，子どもからお年寄りまで続々と登場して，歌や踊り，演奏，手品などを披露し，2台のカメラによる生中継が行われたという(日本ケーブルテレビ連盟，2005：20)[4]。「馬小屋を改造した50㎡ほどのスタジオから始まった…」といったように伝説的に語られる創立当初の様子は，非常に興味深いものである。その後，和歌山県の新紀テレビなど各地に自主放送を行う施設が誕生した。こうした「自主放送の機能」は，その後，各地に誕生するケーブルテレビに引き継がれた。自主放送の内容は地元のニュース，自治体公報，教育番組，学校・アマチュアなどの制作番組，娯楽・教養番組，地元伝承記録番組，市町村議会中継，生活情報などであった。その時代に，その地域に必要な情報を伝送路の空いた帯域を利

用してサービスを行っており，ケーブルテレビは地域密着のメディアであるといわれる由縁となった（日本ケーブルテレビ連盟，2005：127）。それぞれの地域に設立されたケーブルテレビ局において，地域情報や地域で制作された映像が地域内で流通するという仕組みが出来上がったのである。郡部において，こうしたコミュニティチャンネルの接触率は高く，結果的に地域住民に対する情報共有の程度を高めているという点で，大きな役割が認められる。

　実際に情報や映像の作り手はプロとしてのケーブルテレビ局員であり，1995年に嶋根克己らが行った全国のケーブルテレビ局への調査のなかでも，住民が関与して番組をつくるということはほとんどなかったのである（嶋根，1998：113）。「地元密着型メディアといわれるケーブルテレビ局においても，住民が番組に積極的に関わる機会がいかに少ないかが理解されよう」（嶋根，1998：113）。またアメリカの法制に起源をもつ「パブリック・アクセス」を求めるという流れのなかで，児島和人らは1990年代の日本に「飛び地的」に生まれたテレビドラマの制作を通じて，映像表現を目指した4事例を取り上げている（児島・宮崎，1998）。こうした映像作品による自己表現活動の萌芽は，映像機器が安くなり，個人でも映像作品を制作することが十分に可能になってきたことも背景として挙げられよう。今日全盛を迎えるような情報発信の素地は徐々に整備されていったと考えられる。

　ところで，ケーブルテレビは地上波テレビ以外の多チャンネルサービスを提供しており，さまざまなジャンルに特化した専門チャンネルも人気を博し，個人の興味・関心の多様化を促進したという見方もある（三上俊治，2004：48）。インターネット普及以前から個人の興味・関心が多様化し，地域社会についての情報とともに，あるいはそれ以上に多様な情報ニーズが顕在化しつつあったといえる。

　インターネット登場以前は，ケーブルテレビといった映像情報の伝達媒体を除けば，古くから存在する印刷媒体によるものが情報流通の中心であった。情報発信者は多くの場合，プロとしての送り手であり，地域社会を構成する大多

数の住民はそうした情報を一方向的に受け取るだけというコミュニケーション形式が一般的であった。

地域情報化といっても構想段階の域を出ず，あるいは行政内部での電子化といったレベルにとどまっていたことを特徴とする。地域社会への影響は限定的であったと言えよう。電話メディアの一般化とそれによる交際範囲の広まりや車社会化の進展により人びとの生活圏は広域化しつつあり，制約があるものの地縁とは異なる社会関係や交流を志向する萌芽がみられる。地縁を基盤とする地域社会といったものは，構成する住民のなかでの意識としては絶対的な存在から相対的なものへ変化した。さらには地域社会の人間関係が希薄化することに伴い，自分たちが住む場所としての地域の存在感も次第に薄れていったのである。

第4節　ネット社会における地域情報化

1990年代後半以降，さまざまな情報通信技術，主にインターネット技術の社会的浸透によって，人びとの生活，特にメディアとのかかわりが大きな変容を遂げた，あるいは遂げつつあるとされる。それではそのような変化は，地域社会という括りではどのようなインパクトを与えたのであろうか。

本節では，他の社会潮流と地域情報化の相互作用のなかで，今日の地域社会でのメディアコミュニケーションの枠組みがいかに形作られてきたのかについて考察する。

4-1　新しい情報通信技術の社会的浸透

この節では，新しい情報通信技術としてのインターネットが誕生し，社会的に普及していく過程を考察する。たとえば地域情報＝住んでいる地域に関する情報の典型例として，《天気予報》を考えてみよう。インターネット登場以前

には天気予報を知る手段はきわめて限られていた。新聞で知ることが多かったと思うが、紙面での情報入手はその発刊サイクル（朝刊もしくは夕刊）に大きく依存している。たまたま放送されていたラジオやテレビの天気予報に接する以外、リアルタイムに近いもので言えば、電話で直接日本気象協会に問い合わせをするか、ケーブルテレビ局契約者ならば、天気予報の専門チャンネルを見ることくらいであった。

　今日では、天気予報を発表する複数の組織、さらには個人としての気象予報士が数多く存在し、それぞれ独自の予報を立てインターネット上で公開しており、現代人は気軽にその情報を知ることができる。地域住民は、こうした地域に関するちょっとした情報以外でも、その意欲があれば、在住地域についてのさまざまな情報が比較的容易に入手でき、それらをもとにより的確に思考・判断し、行動できる。さらに関係者間でネットを媒介に情報や知識を共有することで、物事の判断や決定が促進されるようになる。

　インターネット普及率が高まりを見せた1990年代後半以降とそれ以前の連続面についていえば、地縁に基づく伝統的なコミュニティモデルの崩壊、近隣関係の希薄化、人的なネットワークや相互扶助的な社会的機会の喪失といったことが指摘され、こうした状況は今に続くところである。その結果「大統領の夕食のメニューについてよく知っていても、近所になぜ救急車が駆けつけたのかについてよくわからない」（Mindich, 2005：20）といったアメリカ社会でのコミュニティ描写が、日本の地域社会でも一般化しつつあることは確かであろう。

　また、情報通信技術が進展し、機器の利活用が進むなかで人びとのコンピュータ・リテラシーは高まっており、情報発信欲求や同一の趣味・趣向を通じたコミュニケーションへの欲望が強くみられる。そういった背景のなかで、インターネットという情報通信技術が広く受容され、さらに事態を促進している側面をみなくてはならないだろう。

　一方で、インターネット登場以前と以降の非連続という点では、大きな構造変化もみられる。

かつて情報生活が空想的・楽観的に描かれていた1980年代のニューメディアブームの時代や，1990年代前半のマルチメディアブーム時代の状況との相違点は，コンピュータやインターネットといった情報通信技術が，日常生活に浸透していることである。社会生活全体の情報環境自体が1990年代後半以前と以降ではまったく異なるのである。それだけ一般人の生活に浸透しつつある一方で，「偏在」「デジタル・デバイド digital divide（デジタル情報格差）」「情報僻地」（インフラないし地域情報が地域社会レベルで不足している状態が顕在化している）などのいわゆる格差問題が明確になってきた点にも注意しておかなくてはならないだろう。

4-2 新たな地域メディアの誕生と普及

今日では"地域メディア的なもの"が爆発的に増加している。放送エリアを市区町村に限定しラジオ放送を展開しているコミュニティFM局，さらには無料で配布されるフリーペーパーといった商業メディアそのものの漸増に加え，90年代後半以降，インターネットのさまざまなツールの発達によって，地域情報を容易に入手することが可能になった。媒体を特定する（地域メディアである／ない）ことよりも，実態として受け手が何らかの意味づけをして情報を得ているとして地域メディアをとらえるならば，実質的な地域メディアとして機能している。地域メディアには，ホームページ，ポータルサイト，電子会議室，ブログ，SNS（ソーシャル・ネットワーキング・サービス），携帯電話各種コンテンツ・アプリケーションなどがある。特に2000年代以降，地域メディアや地域情報化をめぐる議論を総括すると表5-2のようになる。表5-2は，先の表5-1に1990年代後半以降に登場したメディアを書き加えたものであるが，地域メディアが大幅に増えていることがわかる。

4-3 地域社会における新しい担い手の誕生とメディア活動

近年，地域社会のアクター（行為主体）として行政と民間という二分法に加えて，

表 5-2 現在の地域メディアの諸類型

		「メディア」の類型	
		コミュニケーション・メディア	スペース・メディア
「地域」の類型	地理的範域をともなった社会的単位	自治体広報，地域ミニコミ紙，タウン誌，CATV，県紙，県域放送 コミュニティFM，フリーペーパー，地域ポータルサイト，携帯情報サービス	公民館，図書館，公会堂，公園，広場
	機能的共通性に基づく社会的単位	サークル誌，ボランティアグループ会報，各種運動体機関紙 NPO・諸団体のホームページ，特定地域の電子会議室・ブログ・SNS	クラブ施設，同窓会館，研修所 情報センター，パソコン研修施設

□ は，新しく誕生したメディア

出所）竹内(1989：7)に筆者が加筆・修正した。

住民団体やNPO，企業のCSR活動などを挙げねばならないであろう。公共の志を持ってサービスを提供するこれらの活動の根底には，地域社会において人と人のつながりを再構築するという危機意識が垣間見られる。それらは「新しい公共」と呼ばれ，市場経済と行政を支えているが，活動への参加は人びとの生き甲斐にもなっている(奥野・栗田，2012：26)。地域社会という協働主体が後景に退いて久しく経ってから，さまざまな主体が地域を拠点に活動を開始しつつあるが，その活動領域は情報化ということにとどまらずに，多方面に広がっている。

　地域住民のアクテビィティの高まりとメディアを使った情報発信活動という動向を「メディア活動」(media practice)ととらえると，「地域での情報を収集・加工・編集し，それらを何らかの媒体を通じて，流通・伝達していく一連の集団的または個人的な行為」(浅岡隆裕，2006)と定義できる。メディア活動の例としては，テレビ・ラジオ番組などの制作過程への参加，Web上での地域ポ

ータルサイト，地域に話題を特化したブログ，地域 SNS の立ち上げ，ミニコミ誌などの編集・発行，まちおこしイベントの運営，コンピューターリテラシーサポート，インターネット大学(e-Learning)，地域呼称を冠とした「○○学会」「○○学」による学術的研究と情報発信，などと非常に多岐にわたる。

　これらは，地域住民自らの表現活動の場となっており，参画者は受け手＝情報の消費者ではなく，発信者，さらにいえば表現の主体として活動をしている。確かにそれを職業として生活の糧をえることは難しいが，アマチュアが制作過程に参加する，自らが番組や作品を作り出すことは珍しくなくないのである(浅岡，2007)。このような背景には，都市型のケーブルテレビやコミュニティ FM などの小規模な地域メディアの場合，話し手(パーソナリティ)や出演者，作り手を，地域住民のボランタリーマインドに依存している割合が高いという主に経済的な事情もある。

　地域社会には，既存の地域メディアという組織的なプレーヤーに加えて，地域住民主体のメディア活動によって，規模が異なる多元的な情報とコミュニケーションの回路が形成されているのである。

4-4　オンライン上に生起するコミュニティ

　「コミュニティ」は定義からすれば，「何らかの共通性をもつ人びとが連帯性を保持しながら結びついている状態」(町村，2002：326)を指す。「情報ネットワークの回路に沿って誕生する新しいコミュニティ」として，地域性，共同性，直接性を特徴としてきた従来的なコミュニティ概念とは異なる「オンライン・コミュニティ」がある。ほぼ同意語としては，ラインゴールド(Rheingold, H)によって一躍有名になった「バーチャル・コミュニティ(virtual community)」「ネット・コミュニティ」などがあるが，本書では，近年頻出し，もっとも一般的に使用されている「ネット・コミュニティ」という用語を採用する。SNS の有力ツールであるツイッター(Twitter)，ライン(LINE)などユーザーの急激な増加にみられるようにモバイル通信が自然の流れになっているなかで，「現実社

会における個人のアクティビティとコンピュータ・ネットワークの情報社会を結び付けること」(遊橋裕泰, 2007：5)がより容易になったといえよう。

ネット・コミュニティのメリットとしては，誰もが自由な意思で参加したり，逆に離脱できるという，加入脱退の自由が挙げられる。その逆のデメリットは，ネット・コミュニティは「存続が難しく，うまいマネージメントなくしては存続できない可能性が高い」(水越康介, 2007：186)点である。ネット・コミュニティは，「何も手がかりがない状態において，ユーザーが相互に交流し，同じ目的や絆を共有しなくてはならない」のであり，「事前に用意される規範はない，むしろ，規範を自らのうちで作り出すプロセスこそが，ネット・コミュニティの存続にとって重要な要件」となるのである。その規範は所与のものではないために，ネット・コミュニティの存続のためには，「コミュニケーションが絶えることなく接続されていく状況が不可欠となる」(水越, 2007：190)のである。

たとえば，掲示板のコミュニティには独特の言い回しや表現形式，あるいは展開の仕方がある。「掲示板コミュニケーションでよく使われる『空気嫁(読め)』というフレーズは，そこに特定されない〈空気〉に満たされた場があることを暗黙に示唆しているのである」(遠藤薫, 2008：70)。無数にある掲示板というコミュニティのローカルな規範がコミュニティ内のコミュニケーションの質を規定していると思われる。

ネット・コミュニティのツールで存在感を増しているのが，SNSである。ネット・コミュニティ自体では，メンバー同士の近接性や直接性などの制約がなく，コミュニケーションが可能である。これが各ネット上で無数に誕生することになった。インターネット上で，個人がつながりやすくなったことが大きい。これはオンライン上で隆盛したことであるが，そして地域情報化はリアルな側面にも影響を及ぼすことになる。その事例が，ハイブリッド型のネット・コミュニティの叢生である。

現代社会においては地域社会でのつながり＝地縁が，都市住民を中心に希薄化してきており，本来ならば地縁によって知己を得るような人同士が，情報縁

を媒介にしてつながり合うということもありえる。最初に当該地域の住民が多く参与しているようなオンラインのコミュニティで知り合い，仲良くなって，実際に会う。そこで改めて近くに住んでいるという関係性＝地縁が確認される，といったような構図も見られる。

　これ以上崩壊しようがないという段階まで進んだ地縁的紐帯が再生するには，メディアという道具を活用するのが有効であるということが次第に理解され始めた（丸田一・国領二郎・公文俊平，2006）。地縁関係による相互扶助のネットワークを完全に復活させることはできないし，望まれていないという前提のなかで，メディアを活用して，それに賛同しつながることができる人だけでも再度結びつきを取り戻していこうとする動きが顕在化している。確かにこれまでもこうした動きはあったと思われるが，今日のように情報通信メディアがそこに介在することで，今まで以上にこのつながりが活性化されることへの期待が見られる。

　この一例として，情報通信技術と地域社会というファクターが直接的に結びついた「地域SNS」といったような，地域と何らかの関わりをもつ人（必ずしも地域住民であることが参加与件ではない）に限定したクローズドな親密空間が各地に誕生しつつある。この例で想起されるのは，西千葉エリアを対象とする地域SNS「あみっぴぃ」である（http://amippy.jp/　2014年8月30日閲覧）。この地域SNSについてSNS運営者は「出会い系ではなく，『出会った系』。実生活で会った人とさらに仲良くなるツールです」（『朝日新聞』2008年4月12日付）としている。こうした地域限定型のSNSは，構成メンバーが直接交流可能な地域に住んでいるために，一般のSNSよりも「実世界とネットの融合」がしやすい側面が強い。

4-5　ローカル・ネット・コミュニティ成立の条件

　こうした地域社会での住民のコミュニケーションのインフラストラクチャーが整備されていること自体は，その地域社会にとっては非常に大きなメリット

となろう。「社会関係資本 social capital」なる言葉が90年代以降，研究者や地域の活動家の間で広く取り上げられた。大まかな意味としては「信頼や規範に基づくコミュニティやネットワークとそこに埋め込まれた社会的資源」「社会における人と人とのつながりを持ちえるポジティブな力や資産」を指す概念として知られている。アメリカの政治学者であるパットナム (Putnam, D.) の著作 *Bowling Alone* は，戦後のアメリカ社会における社会関係資本の歴史的な変遷をたどり，過去数十年間にわたって社会関係資本が持続的に減少してきたことを，各種指標を示しながら説明したものである (Putnam, 2000＝2006)。パットナムの説明によれば，社会的な活動への関与が減少してきているという。日本でも学際的な研究が進められ，社会関係資本は地域活性化のひとつの切り札として住民(市民)活動を涵養するとして取り上げられることが多い。社会関係資本は地域住民同士のつながり，人的なネットワークがあることを指し，そのようなコミュニティのありようが重要であるという言説が広まっていった。

　ネット・コミュニティは地域社会に基礎をおいて自生するのかどうかについては，当該地域社会の諸条件(地域固有の条件)と密接に関わっていると思われる。つまり逆に言えば，ローカル・ネット・コミュニティがどこにでも自生的に発生するとは限らない。社会関係資本の有無が重要となってこよう。あるいは，すでにある程度の住民のコミュニケーションのインフラストラクチャーがあれば，リアルな地域社会とネットが融合したローカル・ネット・コミュニティが誕生する素地はあると思われる。

　通常このようなコミュニティの構成人数はそれほど多くない。なぜならば，所与のものであるわけではないので，参加が必然というわけではなく，自発性という参加用件がひとつのハードルとなっているからである。言い換えれば，運命共同体のような装置として埋め込まれているわけではなく，何らかの人為的な契機によって構成されるものである。コミュニティの会員の伸び悩みなどの問題を抱えており，実質的には活動が停滞しているように思える事例が多く見受けられる(浅岡，2003：85)。ネット・コミュニティやメディア活動の場合

には，金銭面などの実利的なインセンティブに乏しい場合が圧倒的に多く，中核的なメンバー個人や特定の集団へのボランタリーなマインドが頼りである。しかし「活動疲れ」「手ごたえが見えない」などといった理由で，構成メンバーが徐々に脱落し，活動自体が不活発になる例も多々みられる。メンバーの継続的参加を維持することがコミュニティ継続の要件となろう。

　社会学者の加藤晴明は，以下のような指摘をする。「地域メディアのひとつの重要な魅力点として，担い手に自分のメディアと管轄できる満足感を与えてくれること，自分が主人公となる舞台を提供してくれることにある。ある意味では，地域メディアの魅力は，マス・メディアとパーソナルな自分メディアの中間に位置するそのダイナミックスにこそあるともいえる」(加藤，2012：50-51)。つまりコアな構成メンバーによる運営母体によってなされる私的なメディアの場合には，達成すべき使命感や理念よりも純粋に私的な楽しみや欲望に力点が置かれているのではないかという指摘である。

　実際に携帯可能な編集・発信が手軽にできるツールであるスマートフォンは広く普及しており，たとえば地域での子育て情報の共有といったような緩やかなつながりがみられる。このようなツールを用いた行為は，何らかの理念というよりも実際的な情報交換や息抜きのためのコミュニケーションといった私的なモチベーションが基礎になっていると思われる。こうした実例も参考にしながら，目下課題となっているローカル・ネット・コミュニティの継続的活性化策は模索されなくてはならないだろう。

第5節　ネット社会とコミュニティ再編

5-1　情報化の進展と変わる地域概念

　これまでの議論を別の角度からまとめ直してみよう。

　地域とは，個人をコアにして最小サイズである近隣，町・自治会内，地区，

市区町村，郡や地方，都道府県のレベルといったように同心円状に広がっているものととらえることができる。しかし，地域概念そのものは固定的なものではなく主観的構成物であり，時代・社会状況により大きく変容してきている。ある時代まで長い間，人びとの生活圏は，近隣もしくは町・自治会内，広くても市区町村内で完結していた。公共交通の発達，そして戦後のモータリゼーションによって，生活圏がより広域化するにつれ，地域のエリアも拡大し，また情報ニーズも高まった。また居住地に密着した地域社会への共通の関心から，各人各様の興味・関心へと変化した点も重要である。そして，広域化と関心の多様化によって，それまでの地縁ベースの地域社会そのものは後景に退き，関心ごとのコミュニティ形成が主流となった。近接するエリア内に住んでいながら，住んでいる"世界"は異なり，個人同士が決して交わることはないといった状況が生じたのである。

　こうした状況に対して，インターネットの発達で，3点において地域が再び編み直されているといえよう。

　ひとつ目は，地域の単位の再編成である。地域メディアの範疇に含まれる放送，印刷媒体は，行政的な単位が地域を規定している。しかし，インターネット系の地域メディアやネット・コミュニティの場合には，制約がなく，きわめてフレキシブルに決まってくるのである（浅岡，2007：22）。そもそも対象エリアを明言していないことが多く，市区町村を主な訴求対象とする場合にも，その下の地区名といったより小さな地域呼称を用いることもあれば，市区町村の枠を超えたより広域の地方名を名乗るなど，訴求範囲はきわめて主観的に設定される。つまりインターネット系メディアがそのエリアサイズを自由に決めることができることに特色がある。インターネット系メディアによって設定されたエリアを人びとが意識するようになると，そういった地域設定が意味をもってくるのである。先に挙げた地域SNS「あみっぴぃ」は，JR総武線の西千葉駅一帯の西千葉エリアを対象とするが，そのような行政区は存在せず，住民たちの意識のなかで形成されている主観的なエリアを指し示しているのである。

2つ目は，地域のなかの人間関係の再編成である。地域の特定のトピックに関心がある人同士の結びつきを容易にしたことにより，同一エリアに居住し，興味・関心・趣向が一致する人が関係をとり結びやすくなった点である。これがハイブリッド型のローカル・ネット・コミュニティを可能にするものである。
　そして忘れてはならないのは，メディア接触は地縁的な結びつきを維持し続けたり，あるいは再び活性化される契機をはらむことである。こういった例としては，「ジモト(地元)」，あるいは「ジモティ」という言葉で表されるように，地元の小・中・高校の同級生の顔なじみといった関係性がソーシャルメディアにより，維持されやすくなっている事例が挙げられよう。情報機器の利活用により，現在の若年層はこれまでの世代以上に地縁的な小・中・高校の友人ネットワークを維持し続けているのではないだろうか。広告会社で消費者研究をしている原田曜平はこうした若年層の動向をとらえて，「中学校時代と地続きの『居心地のよい』生活」を維持することが最優先されていることを報告している。地元の友人たちとの5キロ圏内の生活を彼らは大事にしているという(原田，2013)。この5キロ圏内という友人との親密な社会空間が，まさに内向的な若年層世代にとっての情報メディアで維持され，かつリアルさを感じられる"地域"であるといえそうである。そしてFacebookなどのソーシャルメディアによって，しばらく付き合いがなかった知り合い同士が再び出会い，交流を始めるといった事例は枚挙にいとまがないだろう。いったん離れていた地域への認識が再活性化されるといった効果が期待される。

5-2　情報化の今後を見すえて

　以上みてきたように一口に地域といっても非常に多様化しており，個人および世代によって思い描く像は，大きく異なってきている。情報機器を縦横無尽に使いこなすなかで，人間関係が多様に結ばれたり，結び直されたりすることによって地域社会も，またそこに包摂されるような"コミュニケーションのネットワーク"も再編成されているのである。

今後，問われなくてはならないのは，ネット・コミュニティという動きが各地に叢生したとしても，それが相互に連結していなければ，単なる"蛸壺化"し，《自閉的な空間》という性格付けを払拭できないのではないかという問題である。地域住民によるボランタリーなメディア活動にしても，ネット・コミュニティにしても，営利目的な活動ではないがゆえに，活動規模の拡大や経済性を追求する必然性や動機付けは薄い傾向が強い。確かに地域社会の全構成メンバーからすれば（多数派ではない）マイノリティなメンバー同士の密度の濃いコミュニケーションの意義は十分あろう。付け加えて言うならば，地域社会全体でのメディアコミュニケーションの活性化という観点からは，普通の地域住民をいかに巻き込んでいくかが問われているのである。オンライン上での親密なコミュニティとリアルな地縁社会の有機的な結び直しが，地域社会の将来を考えるうえでひとつのヒントになると思われる。このような循環が展開できている例は全国的にみてもきわめて限られようが，今後このような特定事例にフォーカスし，その事例を粘り強くフォローアップしていく必要があろう。

■ 注

1) 米国では「ゲーテッド・コミュニティ gated community」とよばれる。フェンスに囲まれ，検問ゲートによって住民と訪問者以外を通さない住宅が増加しつつあるという。日本でもセキュリティを売り物にした宅地開発や分譲などが広く行われるようになってきている。
2) 地域情報化については適切な訳語や存在しないことも特徴である。それだけ日本的な現象であるとも言えよう。情報化社会，情報社会といった社会イメージのコンセプトそのものも日本発の造語として知られる。
3) 共同体としての拘束力が強すぎるゆえに，構成するメンバーの個は抑圧されてきたことは多くの事実が伝えるとおりであり，その当否についてはここでは問題にしない。
4)「映像送信機，音声送信機，カメラなどの放送機器についてはメーカーに頼らず，電気知識のある町の人に制作を依頼した」（日本ケーブルテレビ連盟，2005：20）など，自前で機器も揃えたとのことである。当時の熱気を伝えるエピソードである。

引用・参考文献

浅岡隆裕(2003)「地域社会という文脈のなかでのインターネット・コミュニティの動向」『情報通信学会 平成15年度 年報』: 77-88
──(2006)「地域住民による《メディア活動》をどのようにとらえるのか」林茂樹編『地域メディアの新展開 CATVを中心として』中央大学出版部: 79-107
──(2007)「地域メディアの新しいかたち」田村紀雄・白水繁彦編著『現代地域メディア論』日本評論社: 17-34
──(2012)「つながりあえる社会の構造と論理」前納弘武ほか編著『変わりゆくコミュニケーション，薄れゆくコミュニティ』ミネルヴァ書房: 124-144
朝日新聞(2008)「広がる地域限定型SNS」『朝日新聞』2008年4月12日付朝刊別刷Be 6面
阿部真大(2013)『地方にこもる若者たち 都会と田舎の間に出現した新しい社会』朝日新書
遠藤薫(2008)『ネットメディアと"コミュニティ"形成』東京電機大学出版局
大石裕(2002)「地域メディア」北川高嗣ほか編『情報学事典』弘文堂: 581
奥野信宏・栗田卓也(2012)『都市に生きる新しい公共』岩波書店
加藤晴明(2012)『自己メディアの社会学』リベルタ出版
金山勉・津田正夫編(2011)『ネット時代のパブリック・アクセス』世界思想社
河井孝仁(2007)「地域環境のリ・デザイン」遊橋裕泰・河井孝仁編著『ハイブリッド・コミュニティ─情報と社会と関係をケータイする時代に』日本経済評論社: 105-148
川浦康至(2002)「パソコン通信」北川高嗣ほか編，前掲書: 368-369
児島和人・宮崎寿子(1998)『表現する市民たち』NHKブックス
小林宏一(2002)「地域情報化」北川高嗣ほか編，前掲書: 579-580
嶋根克己(1998)「ケーブルテレビ局の挑戦─米子市中海テレビ─」児島和人・宮崎寿子編著，前掲書: 113-139
日本ケーブルテレビ連盟(2005)『日本のケーブルテレビ発展史 社団法人日本ケーブルテレビ連盟25周年記念誌』
杉浦裕樹(2011)「地域SNSとICTの可能性」金山勉・津田正夫編，前掲書: 237-250
高田公理(1994)「モータリゼーション」石川弘義ほか編『大衆文化事典』弘文堂: 788-789
竹内郁郎(1989)「地域メディアの社会理論」竹内郁郎・田村紀雄編著『［新版］地域メディア』日本評論社: 3-16
田畑暁生(2005)『地域情報化政策の事例研究』北樹出版

原田曜平(2014)『ヤンキー経済』幻冬舎新書
平塚千尋(2011)「ケーブルテレビと市民参加の地平」金山勉・津田正夫編，前掲書：142-160
町村敬志(2002)「コミュニティ」北川高嗣ほか編，前掲書：326-327
松田美佐(2012)「『ケータイ』の誕生」岡田朋之，松田美佐編著『ケータイ社会論』有斐閣選書：21-40
松本恭幸(2011)「ネット時代の市民の情報発信」金山勉・津田正夫編，前掲書：3-18
丸田一・国領二郎・公文俊平(2006)『地域情報化 認識と設計』NTT出版
三上俊治(2004)『メディアコミュニケーション学への招待』学文社
水越康介(2007)「ネット環境のデザイン」遊橋裕泰・河井孝仁編著，前掲書：183-220
遊橋裕泰(2007)「ハイブリッド・コミュニティ思考」遊橋裕泰・河井孝仁編著，前掲書：1-20

Chandler, D. and Munday, R. (2011) *Dictionary of Media and Communication*, Oxford University Press.
Delanty, G. (2003) *Community*, Routledge.(山之内靖・伊藤茂訳，2006『コミュニティ：グローバル化と社会理論の変容』NTT出版)
Gumpert, G. (1987) *Talking Tombstones and Other Tales of the Media Age*, Oxford University Press.(石丸正訳，1990『メディアの時代』新潮社)
Mindich, D. (2005) *Tuned Out: Why Americans Under 40 Don't Follow the News*, Oxford University Press.
Putnam, D. (2000) *Bowling Alone: The Collapse and Revival of American Community*, Simon and Schuster.(柴内康文訳，2006『孤独なボウリング』柏書房)
Rheingold, H. (1993) *The Virtual Community*, John Blockman Associates.(会津泉訳，1995『バーチャルコミュニティ』三田出版会)

第6章

政治の情報化

第1節　政治社会と情報

1-1　政治社会とメディアの関係

「初めに言葉ありき」(ヨハネ福音書)といわれるが，宗教の世界にかぎらず日常生活のあらゆる場面で「言葉」は重要である。言葉には日々の行動を律する力が潜んでいる。特に政治社会における言葉(政策・演説・スローガンなど)の重要性は他の比ではない。政治は国民生活のありようを左右するからである。ところが，代議政治では大多数の国民は政治社会の言葉を「メディア」をとおして間接的に知るにすぎない。したがって，メディアは国民の政治に対する認識に大なり小なり影響を与えていることになる。そこで本節では政治社会とメディアの関係を「情報」の視点で歴史的にとらえていく。

ところで，「政治」という言葉は日本人にとってあまりイメージがよくない。「あの人は政治的だ」となれば一層イメージが悪い。しかし，政治学者イーストン(Easton, D.)は，政治を「諸価値の権威的配分を生じさせる相互作用」(イーストン，1965＝1980：666)と簡潔に規定する。極論すれば「諸価値の権威的配分」をめぐる駆け引き・権謀術数，そして合意形成が政治である。ところが，「権威的配分」をめぐる「駆け引き」「権謀術数」が「政治そのもの」であるかのような印象を与えるので日本人は「政治」や「政治的」に拒否反応を示すのである。しかし，国民の政治に対するイメージの好悪にかかわらず，政治は人間

の生殺与奪にもかかわる，きわめて人間的な営為の所産なのである。

したがって，政治の理想型は政治主体の face to face な関係による責任ある意見の交換・討論である。そこに「丘の上の民主政治」「声の届く範囲の民主政治」といわれる古代ギリシャにおけるポリスの直接民主主義が民主政治のルーツとされる所以がある。ポリスの政治主体は「市民」に限定されてはいるものの，彼らは広場で開催される民会で徴税や軍事などを議論し，ポリスの政策を自ら決定していたとイメージされる。

ところが，近代市民社会になると政治主体である「市民」の数が大幅に増加し，あまりにも制約条件が多く，直接民主政治は不可能になる。市民の代表による間接民主政治＝代議政治の出現である。市民民主主義(civil democracy)は市民主権を理念としつつも，現実には政治アリーナから排除される一般市民は，政治の動向を「新聞」によって知ることになる。そのため「社会の木鐸」として政治の監視役割を課せられた新聞の影響力は，19世紀中葉には聖職者・貴族・平民に次ぐ「第四階級」になぞらえられた。新聞が大量印刷（ロンドン・タイムズは1814年11月29日，「本紙は蒸気力で印刷された」と社告）される時代となり，廉価になったことで購読者層が拡大し，新聞の影響力が強まったからである。ロンドン・タイムズが「無冠の帝王」と称されたのは，帝王に比せられる影響力をもつとみなされ，恐れられたからである。

市民社会における新聞の影響力を，タルド(Tardo, J. G.)は次のように指摘する。「印刷，鉄道，電信という，互いに相補的な三つの発明が結合して，新聞という恐るべき威力が成立した。新聞はいわば，護民官や説教家がもった古代の聴衆席を，けたはずれに膨張させた神業のような電話機である」（タルド，1901＝1964：21）。したがって，新聞は「人びとの論説や談話にその日その日の新聞種の大半を押しつけることによって，世論をほとんど意のままに誘導し，規定するに至った」のである（タルド，1901＝1964：83）。

タルドはこうした世論の担い手＝新聞の読者を「公衆」と呼び，ル・ボン(Le Bon, G.)の「群集」とは異質な理性的存在としてとらえた。もちろん，タルド

も公衆が群集心理と無縁ではあるとは断定せず，非理性的な反応を示すこともあるものの，群集と比較すれば理性的とみなす。なぜなら，公衆は「純粋に精神的な集合体で，肉体的には分離し心理的にだけ結合している個人たちの散乱分布」（タルド，1901＝1964：12）であるので，群集心理に感染しにくく，ある意味で世論を反映した政治を理念型とする近代民主政治にとって好都合な民衆像である。問題は公衆が新聞情報に左右されかねない存在でもあり，それゆえ，新聞の政治的影響力は「第四階級」に比せられたのである。

1-2 大衆社会の動向

やがて19世紀後半になると，市民社会はその内部矛盾から変貌し，徐々に大衆社会の相貌を濃くしていくことになる。その大衆社会を支える社会的基盤のひとつは，政治主体＝大衆（mass）が拡大した政治社会を共有化することである。大衆社会における民主政治は，市民社会とは比較にならない膨大な大衆が新聞によって政治社会を共有することで担保される。「財産と教養」を自明とした「市民」とは異なり，大衆はリテラシー（文字の読み書き能力）を問われないので，大衆社会における政治社会の共有化は至難である。にもかかわらず，大衆社会は理念的には大衆が社会の動向の鍵を握る社会であるから，大衆を無視した政治運営はその存在基盤を失うジレンマに直面する。

ここでの問題の核心は，大衆民主主義（mass democracy）における国民にとって，政治社会で生起するさまざまな事象を従前と同じく新聞を介してしか知る術がないことである。生活実感・利害関心（interests）に照らして，その是非を判断できる政策もなくはないが，政策の多くは利害が錯綜し，判断に戸惑うのが実相である。ましてや外交のような国家的・国際的な視野を要する政策の是非は多くの国民にとって一層困難である。

市民社会において新聞は，第四階級に比せられる政治的影響力をもつと恐れられたが，大衆社会においても新聞の影響力を「擬似環境（pseudo environment）」概念で警告したのはリップマン（Lippmann, W.）の『世論』（1922）である。リッ

プマンは，「人間が『大社会』のなかで政治的に適応するというのは，……個人，集団，階級，地方，職業，国家，党派が作り出した世界に適応するということである。この特殊な世界の多様かつ複雑なさまは筆舌に尽くし難い。しかし，こうした数々の虚構の世界が人間たちの政治行動の非常に大きな部分を決している」と分析する(リップマン，1922＝1987：上巻，37)。

「筆舌に尽くし難い」複雑な政治社会に関する情報の収集およびその解釈・理解・判断は，個々の人間にはさまざまな限界がある。そこで国民に代わって国民の「知る権利」を行使し，政治社会を専門的に監視する役割を果たすのが新聞である。だから，新聞は国民の知る権利の代行者として政治を監視し，入手した情報を記事(報道・解説・論説)として国民に提供する義務を負うのである。だが，現実の一部を切り取ったにすぎないうえに，整序された新聞は，読者＝国民に現実社会そのものを認識したかのような錯覚を与えかねない。新聞情報によって読者が頭のなかに思い描く社会像を，リップマンは「擬似環境」と名づけ，新聞は世論を反映すべきであって，決してその逆であってはならないと警告する。著名なジャーナリストとして米国社会に影響力を有したリップマン自身への警告でもある。

1-3　ラジオの誕生

ところが，やがて大衆の政治社会の共有化にとって格好のメディア＝ラジオが登場する。ラジオは特別のリテラシーを必要としないうえに，情報を音声で瞬時に全国津々浦々にまで伝播できるメディアである。ラジオ放送の本格的スタートは，1920年11月2日，米国ピッツバーグのKDKA局をもって嚆矢とする。奇遇にもこの日，大統領選挙の開票速報番組が放送され，国民はラジオの前に釘付けになり，刻々と伝えられる選挙速報に興奮したといわれる。ラジオ情報の「分かりやすさと速さ」が大衆に歓迎されたのである。したがって，早くも1924年の大統領選挙では候補者たちはラジオ番組枠を購入して選挙演説を放送している。クーリッジ大統領(共和党)が選挙キャンペーン期間中ほと

んどワシントンを離れなかったにもかかわらず，デービス候補(民主党)を押さえて再選できた要因のひとつは，共和党が民主党の3倍の選挙資金を投入したラジオ演説の効果であるとダイアモンド(Diamond, E.)らは指摘している(ダイアモンドほか，1984＝1988：72)。

　ラジオの政治的影響力(impact)は情報の「分かりやすさと速さ」にあるだけではない。この点で示唆に富むのは，1936年の米国大統領選挙である。この選挙でルーズヴェルト大統領(民主党)は再選されたが，その時の選挙情勢をマクニール(MacNeil, R.)は次のように分析する。「推定によれば全米の90％の新聞がルーズヴェルトに反対の立場」で，「1936年には新聞の民主党に対する敵対意識がより悪質になった」にもかかわらず，ルーズヴェルトが再選されたのは「編集されることもなく，そのままずばり自分の立場を伝えることができた，ルーズヴェルトの親しみ易い，高度に個人的な，この放送は非常にインパクトを与えたため」である(マクニール，1968＝1970：142)。

　もちろん，多くの新聞の意向に反してルーズヴェルト再選の要因をラジオの選挙演説に限定することは，ラジオのインパクトの過大視である。というのは，この大統領選挙で共和党も初めて登場した「スポットCM」を利用していたからである。それに現職大統領はその実績と知名度，そしてその地位をフルに活用できるチャンスの点でも優位である。ただし，マクニールがあげるラジオのメディア特性(「編集されることもなく，自分の立場を伝えることができた」「親しみやすさ」)をルーズヴェルト大統領は熟知し，この選挙で活用したとも考えられる。実はルーズヴェルトは1932年に初当選し，翌年の3月4日に第32代大統領に就任すると，早くも3月12日には「炉辺談話(fire side chat)」をラジオ放送していたのである。ちなみに当時の米国のラジオ世帯普及率は50％強であった。

　1929年に始まる世界大恐慌の打開策を打ち出せないフーバー大統領に代わってルーズヴェルトは大統領に就任したものの，いわゆるニューディール政策は社会主義的色彩が濃いとして，1936年の再選時以上に初選でも評判が良く

なかった。そこでルーズヴェルトはホワイトハウスの暖炉の傍からラジオでニューディール政策の正当性を国民に直接に話す戦術を取ったのである。この炉辺談話は編集されることもなく政策，妻や子ども，さらに愛犬のことまで語る，アットホームな雰囲気であった。自分に直接話しかけてくれる身近で親密な大統領イメージが形成され，そのインパクトは大きかった。ともあれ，ラジオによる炉辺談話や選挙演説の威力は大きいとする印象が政治・選挙の世界に浸透したのである。

しかし，選挙キャンペーンにおける新聞やラジオの影響力の過大視に注意を促す研究が登場する。ルーズヴェルト大統領がウィルキー候補をおさえて3選された1940年の選挙で歴史上初めて選挙民の面接調査を実施したラザースフェルド(Lazarsfeld, P. F.)らの研究がそれである。調査結果は「情報(idea)は，しばしば，ラジオや印刷物からオピニオン・リーダーに流れ，そしてオピニオン・リーダーからより活動性の少ない人びとに流れている」ことを示唆しているとして，いわゆる「コミュニケーション二段の流れ(the two-step flow of communications)」説を析出したのである(ラザースフェルドほか，1944：151。有吉広介監訳，1987：222)。

この仮説は「情報の流れ」と「影響の流れ」が渾然一体である点など難点があるものの，新聞やラジオなどの選挙情報が投票行動に及ぼす影響力は，「改変効果(conversion effect)」(8％)よりも「補強効果(reinforcement effect)」(53％)の方が大きいことを示している。マスメディアの影響力はきわめて限定されており(限定効果説)，オピニオン・リーダーは無視できない存在とみなされた。すなわち，新聞やラジオが伝播する選挙情報より，身近でしかも政治に詳しいオピニオン・リーダーのパーソナルな選挙情報の方が投票行動により大きな影響力をもつというわけである。

たしかにラザースフェルドらの知見は，共同社会型の社会関係が脆弱化し，大衆は新聞やラジオの影響を受けやすいとする大衆社会論的認識に修正を迫り，健全な大衆像・選挙民像を析出してはいるものの，現実には新聞やラジオがま

ったく選挙民に影響を与えていないとはいえないであろう。ラジオが登場する以前でさえ，新聞は第四階級に比せられるほどの影響力をもつとみなされていたほどである。しかも，やがて音声メディア＝ラジオ以上に大きな影響力のある映像メディア＝テレビが登場したことで，マスメディアの政治的影響力はさらに大きくなった。映像にはラジオ以上に「臨場感」と「現実感（本当だ）」を視聴者に抱かせるメディア特性がある。今日ではテレビの政治的影響力の強さを象徴する「テレポリティックス（tele-politics）」の造語さえある。

1-4　テレビの政治的影響

　テレビ映像の政治的影響力を考えるうえで，ニクソンとケネディが争った1960年の大統領選挙のテレビ討論は参考になる。このテレビ討論は「大いなる論争（Great Debate）」とよばれ，米国大統領選挙史上初めて全国中継された。実はこのテレビ討論は，政治実績も知名度も当時はそれほどなく劣勢とみられていたケネディが，アイゼンハワー大統領の下で副大統領を2期8年間務め，政治手腕・知名度において優勢なニクソンに申し込んで実現した。ケネディの認知度を高めることになるとニクソンはテレビ討論を拒否し続けたが，そのことがマスメディアで報道されると逆に不利になると考え，しぶしぶ受け入れたと伝えられている。そうした両候補の思惑を秘めたテレビ討論は9月26日のシカゴを皮切りに，ワシントン，ニューヨーク（2回）の計4回実況中継された。米国ではCBS，ABC，NBCの3大ネットワークが完成（1958年）し，テレビの世帯普及率は88％，約1億人といわれるテレビ討論の視聴者の反応は次のようなものであった。

　第1回目の討論はテレビとラジオで同時に中継されたが，調査によると，テレビ視聴者はケネディ勝利，ラジオ聴取者はニクソン勝利，つまり，真逆の判定・評価であった。政策通のニクソンは討論内容に気を配ったが，テレビ映りには拘泥しなかった。他方，ケネディは広告専門家のアドバイスに従ってテレビ映り（televigenic）を入念に計算した服装，語り口に注意を払った。この両候

補のテレビに対する姿勢の違いが選挙結果に表れたとする印象を選挙関係者はもった。これは，テレビには「政策(話の中身)」より「外見(テレビ映り)」に「注目の焦点(frame of attention)」を移動させるメディア特性があることを示唆している。これを契機に政治家は選挙時にかぎらず常にテレビ映り，テレビ・イメージの向上に意を用いるようになる。しかし，この「注目の焦点」には「注目の盲点(frame of blind)」の陥穽が潜んでいることを見逃してはならないであろう。

　こうした実践の場におけるテレビの政治的影響力が大きいとする印象は，マスメディアの影響研究にも表れてくる。そのひとつが1968年の大統領選挙を実証研究したマコームズ(McCombs, M. E.)とショー(Show, D. L.)の「議題設定機能仮説(the agenda-setting of mass media hypothesis)」である。この仮説の特徴は，研究の焦点を投票「行動」から選挙争点の「認知」に移した点にある。

　すなわち，彼らは選挙民に大統領選挙の主要な争点(issue)を回答してもらう面接調査と同時に，調査地で購読・視聴できる新聞・ニュース週刊誌・テレビネットワークニュースの選挙関連報道の内容分析を並行して実施した。その結果，選挙民(ただし，調査時点で投票態度未決定者)の重視する争点(政策)順位と，マスメディアの強調する争点(政策)順位との相関関係がきわめて高かった。しかも，選挙民が好感を寄せる大統領候補者の争点重視度に呼応しているわけでもない。そこで彼らは，マスメディアは選挙民の「態度の方向性・強度」よりも「態度の顕出性(salience)」に影響を与えているとして，選挙で重視すべき議題を選挙民に設定していると分析した(マコームズほか，1972：176-187)。

　この議題設定仮説は，選挙時の投票態度未決定者を調査したものだが，選挙時にかぎらず日常の政治全般に関してもマスメディアの政治事象の取り上げ方・強調度が，人びとの政治認識・政治判断に影響していることを含意している。だとすれば，選挙にかぎらず政治全般に影響力を及ぼすファクターである世論とマスメディアとの関係に注目する必要がある。マスメディアが世論形成に影響力をもつとする分析は古くからある。先にみたリップマンの擬似環境もその

ひとつだが,特にノエル＝ノイマン(Noelle-Neumann, E.)の分析はユニークである。

彼女は社会心理学的視点を導入し,世論(public opinion)とは「論争的な争点に関して自分自身が孤立することなく公然と表明できる意見」で,「世論という意見や行動は,孤立したくなければ口に出して表明したり,行動として採用しなければならない」のである(ノエル＝ノイマン,1993＝1997:68-69)。つまり,孤立を避けたければ,マスメディアの動向を沈黙して見守り,多数派の意見を確定し,それを自分の意見として表明すれば,周囲の非難をあびる恐れも少ない。こうしてマスメディアが頻繁に繰り返す意見が,いわばバンドワゴン的心理作用によって螺旋的に拡大し,世論は形成されると分析する。特に印象精神を培養するテレビの発達がこの傾向を強めると警告する。この沈黙の螺旋仮説(the spiral of silence hypothesis)は,世論を反映すべきマスメディアが世論を作り出す危険性を示唆している。戦前,ナチ党機関紙のエリート記者であったノエル＝ノイマンの警告だけに説得力がある。

1-5 マスメディアと政治

ノエル＝ノイマンにかぎらず,政治全般に対するマスメディアの影響力を強調する分析は多い。そのひとつに政治学の蒲島郁夫らによるエリートの影響力調査がある。この調査はマクロ的視点で日本の政治システム全体に影響力をもつと想定されるエリートによる各社会集団の「影響力評価」から,影響力集団を階層化してとらえようとする研究である(蒲島郁夫,1985)。

この調査の対象者は,体制派,反体制派,中間派の各社会集団のリーダーら約2,000人である。調査の結果,総合評価でもっとも影響力が強いと評価された社会集団はマスメディア,ついで官僚,官僚とほぼ同水準で政党が並ぶ。政党より若干低いところに財界,以下労働団体,農業団体と続き,最低が婦人運動である。個別にみてもマスメディアのリーダーを除くすべてのリーダーが,マスメディアの影響力を第1位に挙げている。しかもマスメディアのリーダー自身も,マスメディアは官僚についで第2位の影響力をもつと高い自己評価で

ある。

　評価法であるからマスメディアが実際に強い影響力を行使しているとは必ずしもいえないが，この評価は重要なことを示唆している。日本の政治社会では政策決定過程において保守党政治家，官僚，財界(業界)の影響力が強いとする通説(鉄の三角形)がある。ところがこの調査では，この通説は支持されず，マスメディアが鉄の三角形のパワーエリートを凌駕する影響力をもつとリーダーたちはみているのである。その理由は何であろうか。

　イデオロギーや利害が錯綜する社会では，中立公正・不偏不党を標榜するマスメディアに対する信頼度が高いからであろうか。そうではないであろう。むしろ，マスメディアの巨大化にこそ，その理由があると考えるべきである。今日，情報の収集・処理・伝達・蓄積技術は高度に進化している。その最先端の情報技術を装置化したマスメディアは，巨大な読者・視聴者に議題(政治問題)をたえず設定しつづけている。先にみた擬似環境説，議題設定仮説や沈黙の螺旋仮説が示唆するように，マスメディアが国民大衆の社会認識や世論を左右するとするならば，「社会の木鐸」としてのマスメディアが社会に及ぼすインパクトはリーダーたちにとって等閑視できないことは明白である。ここに今日マスメディアが立法・司法・行政につぐ「第四権力」といわれる所以がある。

　世論の確定には困難を伴うが，民主政治を世論反映の政治とするならば，リーダーは少なくともマスメディアに投影された世論の動向に敏感に反応せざるをえない。世論に従っていればマスメディアに叩かれずにすむといった心理が日本のリーダーたちを支配していることをこの調査結果は示唆している。だからといって，世論反映の政治が保証されているわけではない。世論無視の政治は枚挙の暇さえないほどである。

　以上，政治社会における情報の問題をマスメディアに焦点を合わせ，微視的・巨視的にみてきたが，マスメディアは国民の政治認識・政治判断に影響を与え，政治的合意を形成していくシステムの有力なファクターであることが改めて確認された。マスメディアは国民に政治社会の動向を情報として提供することで，

国民に議題を設定し，国民の政治的意見（世論）を時にはゆるやかに，時には急激に誘導・統制する社会的情報装置である。

ただし，議題設定仮説がいみじくも指摘しているように，マスメディア情報が選挙民の投票行動にダイレクトに影響するとは断定できない点に留意しておかねばならない。マスメディア情報は重要ではあるが，投票態度・投票行動を決定する要因のひとつにすぎないのである。しかし，マスメディアの選挙報道が投票行動を大きく左右するといった「短絡的印象」が多いことも，また事実である。かつてベレルソン（Berelson, B.）が指摘したように，マスメディアの効果は「ある種の争点についての，ある種のコミュニケーションは，それがある種の条件におかれている，ある種の人びとの注意をひくならば，ある種の効果をもつ」にすぎないのである（ベレルソン，1960＝1969：300）。そうした諸条件の整い具合がマスメディアの政治的インパクトを左右するのである。

第2節　ネット社会と政治情報

2-1　政治インターネット元年

2011年には「ジャスミン革命（チュニジア）」（1月），「エジプト革命」（2月）が相次いで起きたが，いずれもツイッターやフェイスブックの情報伝播力の大きさ・速さが「アラブの春」に連動したといわれている。ジャスミン革命は役人への抗議をはねつけられた青年が焼身自殺を図った直後の夜から抗議デモが始まって28日後，エジプト革命は民主化や賃上げ要求の民衆デモ発生から17日後であった。

他方，1979年のイラン革命ではホメイニ師の王政打倒のメッセージをコピーした「カセットテープ」がラジカセで広まり，革命まで1年以上かかった。あるいは1998年のインドネシアのスハルト政権崩壊は，ポケットベルのメッセージ機能でデモの時間や場所を伝え合い，大統領辞任を求める学生たちによ

るデモ発生後3カ月を要した。これらの政治変革と比較すれば，インターネットの情報伝播力の大きさ・速さは圧倒的である。今や政治社会においてインターネットの威力は無視できない時代に突入したのである。もちろん，メディアそのものが革命の原動力ではないことは明らかである。民衆の政治に対する不満の臨界状況が革命の大前提である。その臨界状況に達した不満をインターネットが瞬時に結合させた結果がアラブの春であることはいうまでもない。

　ところで，1995年は「World Wide Web」に「政治サイト」が開設され，「政治インターネット元年」といわれている。インターネットが1990年に民間に開放されてわずか5年余のことである。この政治サイトの最初の登録者はホワイトハウスと，96年の米国大統領選挙に立候補したアレキサンダーである。政治サイトにホワイトハウスが登録したことで，インターネットは政治・選挙メディアとして公式に認められ，その政治的役割が注目されるようになった(田中靖政，1998：144-145)。

　そして96年の大統領選挙では，予備選挙の段階からホームページ(HP)が選挙運動に活用され，党大会もインターネットで生中継されたが，選挙結果を左右するほどの威力はインターネットにはなかった。ところが，2000年の大統領選挙は「インターネット選挙元年」といわれるほどインターネットが活用された。米国では国家として上下両院の全議員のホームページ・リンク集を完備しているように，今やインターネットは選挙時にかぎらず普段の政治活動においても必須メディアとなっている。特にオバマ大統領はインターネット，とりわけケータイメールを駆使しての当選・再選といわれるほどである。

　もちろん，日本の政界もインターネットに無関心ではなかった。最初にHPを開設した政党は新党さきがけと日本社会党(現社民党)で，95年6月である。翌7月には新進党，96年1月に自由民主党，4月に日本共産党がそれぞれHPを開設している。また，旧民主党は96年11月にHPを開設し，翌年7月には登録メンバー全員にメール配信できるメーリングリストを他党に先駆けてスタートしている。今では政党や国会議員，内閣(「小泉内閣メールマガジン」は2001

年6月創刊)だけでなく，衆参両議院のHPも97年7月開設されている。衆参両議院のHPにアクセスすれば，国会の法案審議状況・本会議議事録などが閲覧できる。こうして政策決定過程がインターネットで公開されるようになると，個々の国会議員の活動状況が分かり，選挙民にとって投票時の判断材料にもなる。広い意味で政治家，ひいては政治全般の監視が容易になり，政治の透明性が高まり，政治の民主化が進むと期待される。

　ところが，問題がないわけではなかった。2013年4月に公職選挙法が改正されるまで，インターネットは選挙運動には活用できなかった。すでに民主党は98年6月に選挙運動でHPが使えるようにするための公職選挙法の改正案を衆議院に提出したが，廃案になっている。選挙期間中のHPの更新やメールの送信は，公職選挙法第142条で禁止する不特定多数への「文書図画の頒布」に当たる(総務省見解)からである。しかし，パソコンや携帯電話のディスプレイに表示される文書などが「文書図画」に当たるとする総務省見解も議論の分かれるところである。公職選挙法第142条でいう「文書図画」とはビラやチラシといった紙媒体を念頭におき，選挙の公平性・公正性を担保する目的でその頒布枚数を制限しているのである。

　ところが，現実には公職選挙法には矛盾があった。たとえば，HPは選挙公示日以前から掲載内容が同じであれば，公職選挙法では「政治活動」であって「選挙運動」とはみなされないので，選挙期間中も「政治活動」として続けられた。あるいは電話と同一機能という理由で，公示日以降も「音声配信」するHPも現れるなど，事実上，なし崩し的にインターネットは選挙運動で利用されていた。また，HPは自分から主体的にアクセスしなければ閲覧できないので，政党や候補者側からのビラやチラシの「頒布(手渡し)」とは異なるといった反論も可能である。

　要するに公職選挙法が時代の変化と齟齬をきたしていたので，インターネットを選挙運動に活用できるように公職選挙法が改正されたにすぎないのである。たしかにインターネットでは容易に政党や候補者のHPを改竄でき，匿名によ

る誹謗・中傷・デマが横行するなどの問題があることは事実だが，それは現実の政治空間でも起きていることであり，必ずしもインターネット特有の問題とはいえない。HPやEメール，SNSなどは安価に利用できるので政治活動・選挙運動の活性化に道を開くチャンスでもある。

2-2　インターネット情報とマスメディア情報

そこでまず，最初にインターネットは「情報メディア」ではあるものの，「マスメディア」ではないことを確認しておかねばならないであろう。インターネット上にはマスメディアとは比較にならない膨大な情報が浮遊しているが，マスメディア情報とは大きな差異がある。新聞であれ放送であれ，マスメディアではデスクをはじめとするいくつものチェック・ポイント(gate keeper)を通り抜けた情報だけが発信・報道されるシステムになっているので，情報の正確性・信頼性・責任の所在は担保されている。

それに対してインターネットではマスメディアのような情報チェック・システムは原則として欠如しているので，CGM(Consumer Generated Media＝誤った情報が発信されても別人による訂正が可能)という考え方もあるが，基本的には情報の正確性・信頼性・責任の所在が担保されているとはいえない。それゆえ，情報の発信者がマスメディアでは明確であるが，匿名の原則が支配しているインターネットでは不明確にならざるをえない。さらに，マスメディアでは情報の送り手・発信者は限定されるが，インターネットでは誰もが情報の送り手・発信者であり，同時に受け手・受信者でもある(平等性)という差異，あるいは24時間放送のラジオやテレビもあるが，インターネットはいつでも情報の受信・発信が可能で(日常性)，時間の制約から解放された「非同期的コミュニケーション・メディア」(非同期性)といった差異もマスメディアとインターネットにはある。

以上の点を確認したうえで，インターネット上の政治や選挙に関する情報が国民・選挙民にもたらすインパクトの諸相を考察する。もちろん，ここでは政

党や政治家に関する情報だけではなく，インターネット上に浮遊する政治や選挙に関する情報一般を対象とすることはいうまでもない。

　すでにマスメディアとインターネットとの情報の基本的差異については言及したが，理論上の差異とは無関係に，インターネットに馴化するにつれ，マスメディアであれインターネットであれ，その情報に差はないとする認識・感覚が生まれやすい。そこにインターネットにまつわるさまざまな問題の根源が潜んでいると考えられる。もともとマスメディア情報は「擬似環境」にすぎないにもかかわらず，さらにこの認識・感覚が累加されると問題は一層複雑になる。そこでまず，マスメディアとは異なり，インターネットでは誰もが情報の発信者・受信者でもあることに関わる問題を取り上げることにする。

　梅田望夫は，インターネット社会では誰もが自分の意見・考えをウェブ上で発信できる「総表現社会」になると期待をこめる(梅田，2006)。これまで自分の意見・考えを表現する機会を持てなかった一般の人びとの知が専門家の知を凌駕する「群衆の叡智(Wisdom of Crowds)」をインターネットは生み出していくと楽観視する。これに対して菊池哲彦は総表現社会論の危うさを指摘する(菊池，2006)。つまり，「総表現社会論は，インターネット・テクノロジーの進化によって万人が表現＝創造へと開かれた社会像を提示する。……しかし，個人の情報発信の可能性拡大を『創造』行為の実現と見なすことができるのか」と疑問を投げかける。

　その疑問の根拠を菊池は次のように説明する。インターネット上は「玉石混淆」の情報で溢れているが，「玉」の，すなわち，価値の高い情報は必ずしも「アテンション(注目)」の多い情報とはかぎらない。というのは，検索エンジンのプログラムによってアクセス(アテンション)の多い情報が上位に掲載される仕組みになっているからである。したがって，インターネット上では情報の「質」が問われないにもかかわらず，その情報を利用した行為が創造的行為とはいえないことになる。総表現社会論は技術決定論者の期待の域を出ず，現実のネット社会は彼らの期待とはかけ離れた水準にあると菊池は反論する。

ただし，総表現社会論の危うさを前提としたうえで，インターネット上では誰もが情報の発信者・受信者になれることは，ある可能性を秘めているとも考えられる。政治社会との関連では，いわゆる電子民主主義(デジタル・デモクラシー)の可能性である。民主政治では face to face な関係による責任ある意見の交換・討論が理想型であり，そのルーツが古代ギリシャのポリスの直接民主政治である。さらに近代市民社会においてはハーバーマス(Habermas, J.)が説くところの，18世紀から19世紀初めのイギリス・フランス・ドイツで自律した市民が文芸や公共の問題をコーヒーハウスやサロンで展開する社交的会話・討議(市民的公共性)がその典型である(ハーバーマス，1962＝1973)。

そして21世紀の今日，インターネット上で誰もが自由に意見の表明者＝発信者になれるチャンスが到来した。したがって，インターネット上では誰もが都合のよい時間に意見交換できるだけでなく，マスメディアの解説抜きに好みの政治家とダイレクトに意見交換もできる。つまり，インターネットは「ネット世論」をはじめとする，いわば電子民主主義の可能性を秘めているといえよう。特にEメールによる意見交換には政治的意思決定機能をもつ電子タウンミーティング(Electronic Town Meeting)，意見表明を目的とする電子公聴会(Electric Hearing)，意見交換に留まる電子フォーラム(Electronic Forum)などがある。これらは現実の政治制度の電子民主主義版である。現にたとえば，「2006年11月，英国首相官邸は，選挙区民が政策決定に影響を与えるための基盤として，電子情報陳情制度を開始した。英国の集積情報官ジョン・サーフォークは，特に署名が100万を超える電子陳情は協議プロセスに有効な影響を及ぼしてきた」といった指摘もあるほどである(タプスコット，2009＝2009：385)。

2-3 インターネット社会の理想と現実

そのように考えると，電子民主主義は総表現社会論の視点に立てばインターネット社会の理想である。しかし，電子民主主義のなかでもネット世論には総表

現社会論の危うさがつきまとうことは否めない。しかも，民主主義の根幹は多様な価値観の共有化，したがって，価値観の異なる意見に対する寛容さによって担保されている。ところが，現実の政治社会では情報の選択的接触(selective exposure)＝入手・受信は避けられない。先述のラザースフェルドらのマスメディアの限定効果論が注意深く指摘していたように，人間には先有傾向(predisposition)に沿って情報を選択的に入手・受信する傾向があるが，インターネットはその傾向をさらに強めると考えねばならない。

　たとえば，サンスティーン(Sunstein, C.)をはじめとして，インターネットは各自の関心・興味に沿った情報だけを選択する傾向が強いとする分析は多い。さらに，サンスティーンはカスタマイズ機能を使えば，マスメディアから情報を「わたしの好み」に合わせて要約してくれる「ディーリーミー(the Daily Me)日刊『私』新聞」も可能であると指摘する(サンスティーン，2001＝2003：27)。つまり，インターネット上の意見の交換・討論では「改変効果」より「補強効果」が一層強まりかねないことを「ディーリーミー」は示唆している。しかもインターネット上は，公平・公正な言説や主張ばかりではなく，偏った言説や反社会的な主張も浮遊しやすい。まさに玉石混淆情報の浮遊がネットの常態である。

　特にインターネット上の偏った言説は価値観の狭隘化・局所化を招きかねず，議論を思わぬ方向へ誘導する傾向がある。現実の社会集団，特に価値観の共有度が高い対面集団においては議論を積み重ねても，正しい結論より極端な結論を導きやすいことが知られている。これを「集団極性化(group polarization)」というが，匿名が原則であるインターネットでは自己意識が低下し，「没個性化(deindividuation)」を招き，行動の抑制がきかなくなり，この傾向に拍車がかかりやすいことになる。その極端なケースが炎上(flaming)であり，具体的には「ヘイト・スピーチ(hate speech)」の横行である。

　また，インターネットはSEO(Search Engine Optimization)技術によって，人気のある政治サイトほど検索上位に表示される仕組みになっているので上位に

ランクされた政治サイトほどより多くの人の目に触れ，影響力を増すことになる。したがって，どんなに正当な意見であっても少数意見は排除され，多数意見に同調を強いられかねない。つまり，ネット社会においても「世論の沈黙の螺旋」現象は容易に起きるのである。

　このようにインターネット上の議論＝ネット世論はさまざまな危うさを内包している。この現実を直視すると，総表現社会論者のような楽観的展望には懐疑的にならざるをえない。ネット世論と現実の世論との乖離も指摘されている。現状では，ネット世論はマスメディアで報道された結果，政治的インパクトをもつケースが多いが，最後にラザースフェルド(Lazarsfeld, P. F.)らが，新聞とラジオが主流であった1948年の論文でマスメディアの「麻酔的悪作用(narcotizing)」を回避できないと指摘していることを想起しておきたい。マスメディアによって社会の動向を「知る(knowing)」ことが，何かを「する(doing)」ことなのだと勘違いするようになる。しかも「その効果は，それによって麻痺させられてしまった人が，自分ではそれと気づかないほど完全である」という指摘である(ラザースフェルドほか，1960＝1969：282)。その傾向はテレビ時代で一層強くなり，すでに観客民主主義として表れている。インターネットが観客民主主義の転轍機となりうるかは今後の動向を見守るしかない。

　インターネット上の仮想空間でどんなに政治的議論が沸騰しても現実政治に与えるインパクトはそれほど期待できない。現時点では，そこから抜け出し，現実空間での意見の交換・討論の累積，そして合意を形成し，初めて政治に一定のインパクトを与えることができる。「インターネット上での頻繁な接触は，対面での頻繁な接触を補完するものであって，それにとって代わるものではない」とはパットナム(Putnam, R. D.)の指摘である(パットナム，2000＝2006：216)。そこにネット社会の政治的ジレンマがある。

2-4　インターネットと選挙・政治

　さて以上の理論的考察を踏まえて，ここからは公職選挙法が改正され，イン

ターネットが選挙運動に活用できるようになった最初の国政選挙，2013年7月に実施された第33回参議院議員選挙でその現実をみておくことにする。インターネットを活用した選挙運動が可能になったことでさまざまな期待が喧伝された。そのひとつが政党や候補者の政策や人柄などの情報が分かりやすく，しかも豊富になるとする期待である。また，政党や候補者と政策について直接やりとりできるとも期待された。さらに，若者はインターネットに習熟しているので，若者の選挙への関心が高まり，投票率も上がるとも期待された。

　まず，選挙情報としてもっとも重要である「投票先を選ぶ際にネット情報」が参考になったかどうかである。共同通信社が投票日(7月21日)，全国47都道府県1,836投票所で投票を終えた有権者7万6,836人(男性3万8,471人，女性3万8,365人)を面接した出口調査の結果によれば，「参考にした」は10.2％，「参考にしなかった」は86.1％である(『日本経済新聞』『東京新聞』2013年7月22日付朝刊)。「参考にした」を年代別に見ると，20代が23.9％でもっとも多く，30代17.9％，40代12.6％と年代が高くなるほど少なくなり，70歳以上になると6.1％にすぎない。インターネット利用頻度が高い若年層ほどネットの選挙関連情報を参考にしている傾向がみられた。

　ちなみに，讀賣新聞が投票日翌日の22日と23日に実施した調査では，「投票先を決める際，ネット情報」を「参考にした」は8％，「参考にしなかった」は90％であった(『讀賣新聞』2013年7月26日朝刊)。讀賣新聞調査は投票に行かなかった有権者も調査対象に含んでいるので，共同通信社の出口調査より「参考にした」は2.2％減少し，逆に「参考にしなかった」が3.9％増えていると推測できる。これらの調査結果を総合すると，ネット情報を「参考にした」は10％未満，「参考にしなかった」は90％にかぎりなく近いと推測される。したがって，讀賣新聞はこの記事に「ネット選挙 空振り」とタイトルをつけたほどである。

　問題は出口調査でも「参考にしなかった」が86.1％と高かったことである。男性(85.1％)より女性(87.2％)の方が多く，年代別では60代が90％でもっとも

多く，50代88.6％，40代と70代がともに85.9％である。したがって，必ずしも年代が高いほど「参考にしなかった」が多くなるとはいえないものの，総じて年齢が高くなるほどその傾向がみられた。

「参考にしなかった」最大の理由は選挙情報の中身がネット解禁前とあまり変わらず，新鮮さがなかったことである。街頭演説の告知や報告などが多く，なかにはおよそ選挙とは関係のない「今朝何を食べた」といった候補者ブログにアクセスが集中する珍現象もあったほどである。ネットの双方向性機能を十分に活用した政党や候補者と有権者の意見交換・議論も低調で，もっぱらビラやチラシと同様に告知・宣伝媒体としてネットを利用する候補者が多かった。

そのためであろうか，期待された投票率の上昇は実現しなかったどころか，前回の参議院議員選挙よりも5.31ポイント低い，52.61％で，しかも過去3番目の低さであった。「ネット選挙 解禁」とマスメディアは大きく報道したものの，「ネット選挙 空振り」で，期待されたほどの効果はなかったといえよう。もちろん，個別にみればネットを活用し当選した候補者も皆無ではないが，当選の要因がネット活用にだけあるわけではないことは自明である。初めてのネット選挙であるから，その評価は留保しなければならないが，選挙メディアとしてのインターネットの活用は不全に終わったといえよう。しかし，過剰な期待は禁物だが，米国のように全面の解禁となれば，有権者のメールによる選挙運動なども可能になり，「ネット選挙 空振り」は避けられる可能性もありうると期待したい。

ところで，投票率を高めるための方法のひとつに「ネット投票」が考えられる。将来的には携帯電話による「ネット投票」も技術的には可能であるが，投開票の秘密性・正確性の確保，あるいはインターネットの普及度など課題は多い。しかし，敷衍すればインターネットはメーリングポスト機能を活用することにより，国民投票，言い換えれば直接民主主義の可能性を秘めているとも考えられる。たとえば，重要法案の国会審議をテレビで見ていた有権者が，国民投票にすべきと判断したらネットで署名をする。署名数がある割合に達したら，

議決権を国会からネット上の国民投票に委譲することにすれば，国民投票も可能ではある。しかし，そこでは有権者の「主体性」が最大の課題となるであろう。有権者が法案・政策の是非を主体的に的確な判断を下せるかが問われる。したがって，インターネットによる国民投票・直接民主主義が実現した段階において主体性は，深刻な局面を迎えることになりかねないとも考えられる。

　たとえば，大澤真幸は次のように予想する。些細な政治決定に諸個人が意見を表明できるようになると，法や政治的決定は極度に不安定になり，無政府性を常態化しかねないばかりか，次のような事態も予想されるという。「電子メディアが保証する直接民主主義は，平等な個人の主体性のもっとも強力な実現形態であるかのように見える。しかし，われわれの予想は，主体は，まさにその十全なる実現のその瞬間に自己解体を運命づけられているかもしれない，ということである。主体性の理念や，それに基づくシステムの政治は，実は，主体性が制限されている範囲でしか実現していなかったから，うまく機能しているように見えたのかもしれないのだ」(大澤，1995：213)。

　インターネットによる国民投票は直接民主主義を可能にする一方で，逆に主体性を脅威にさらし，政治システムを不安定化しかねない危険性を孕んでいるという懸念である。なぜなら，タプスコット(Tapscot, D.)が指摘するように，「ほとんどの人びとはあらゆる課題に精通する時間も，思想的背景も，専門的知識も持ち合わせていない」からである(タプスコット，2009＝2009：381)。たしかにわれわれは常に「主体性」を覚醒化させて生活しているわけでも投票しているわけでもない。

　しかも今日では，誰もが自由に意見を表明し交換できるインターネット上に居場所を求め，アイデンティティを感じる人さえ出現している。21世紀社会は前世紀以上に「他者指向性」(リースマン，Riesman, D.)が強まり，「自己同一性」(エリクソン，Erikson, E. H.)が不全化する社会状況を呈しているといっても過言ではない。ペシミスティックな予想の克服がインターネットによる直接民主主義の課題である。21世紀においても最大の課題は大衆の政治的成熟であ

ることに相違はない。

📖 引用・参考文献 📖

梅田望夫(2006)『ウェブ進化論―本当の大変化はこれから始まる』ちくま新書
大澤真幸(1995)『電子メディア論』新曜社
蒲島郁夫(1985)「影響力の階層構造」三宅一郎・嶋澄・綿貫譲治・蒲島郁夫『平等をめぐるエリートと対抗エリート』創文社
菊池哲彦(2006)「インターネットにおける『創造』の可能性：総表現社会論批判」モバイル社会研究所『未来心理』Vol. 008
田中靖政(1998)「報道・選挙メディアとしての『World Wide Web』の将来性」飯塚繁太郎・片岡寛光・阪上順夫・富田信男編『民意・政党・選挙』新評論

Berelson, B. (1960) Communication and Public Opinion, in Schramm, W. (ed.) (1960) *Mass Communication*, University of Illinois Press.（学習院大学社会学研究室訳，1969『新版マスコミュニケーション』東京創元社）

Diamond, E. and Baltes, S. (1984) *The Spot, ―The Rise of Political Advertising on Television*, MIT Press.（佐藤雅彦訳，1988『メディア仕掛けの選挙』技術と人間）

Easton, D. (1965) *A System Analysis of Political Life*, John Wiley Sons, Inc.（片岡寛光監訳，1980『政治生活の体系分析』上下，早稲田大学出版部）

Erikson, E. H. (1959) *Identity and Life Cycle, Psychological Issues*, No. 1, Mogaph 1.（小此木啓吾訳，1973『自我同一性』誠信書房）

Habermas, J. (1962) *Strukturwandel der Offentlichkeit-Untersuchungen zu einer Kategorie der burgerlichen Gesellschaft*.（細谷貞雄・山田正行訳，1973『公共性の構造転換―市民社会の一カテゴリーについての探求』未来社）

Lazarsfeld, P. F., Berelson, B. and Gaudet, H. (1944) *The People's Choice : How the Voter Makes Up His Mind in a Presidential Campaign*, Columbia University Press.（有吉広介監訳，1987『ピープルズ・チョイス』芦書房）

Lazarsfeld, P. F. and Merton, R. K. (1960) *Mass Communication*, Popular Taste and Organized Social Action, in Schramn, W. (ed.) *Mass Communication*, University of Illinois Press.（学習院大学社会学研究室訳，前掲書）

Le Bon, G. (1895) *Psychologie des foules*.（櫻井成夫訳，1952『群衆心理』創元文庫）

Lippmann, W. (1922) *Public Opinion*, Harcourt Jonavovich.（掛川トミ子訳，1987『世論』岩波文庫）

MacNeil, R. (1968) *The People Machine*, Deborah Rogers Ltd. (藤原恒太訳, 1970 『ピープル・マシン』早川書房)

McCombs, M. E. and Show, D. L. (1972) The Agenda-setting Function of Mass Media, *Public Opinion Quarterly*, 36.

Noelle-Neumann, E. (1993) *The spiral of silence: Public opinion-our social skin* (2nd Edition), Chicago: University of Chicago Press, IL. (池田謙一・安野智子訳, 1997『沈黙の螺旋理論—世論形成過程の社会心理学 改訂版』ブレーン出版)

Putnam, R. D. (2000) *Bowling Alone : The collapse and revival American community*, New York : Simon & Schuster. (柴内康文訳, 2006『孤独なボウリング—米国コミュニティの崩壊と再生』柏書房)

Riesman, D. (1950) *The Lonely Crowd: A study of the changing American character*, Yale University Press. (加藤秀俊訳, 1964『孤独な群衆』みすず書房)

Tardo, J. G. (1901) *L'Opinion et la foule,* : Libaire Flelix Alcan. (稲葉三千男訳, 1964『世論と群集』未来社)

Tapscot, D. (2008) *Grown Up Digital: How the Net Generation is Changing Your World*, McGraw-Hill Companies Inc. (栗原潔訳, 2009『デジタルネイティブが世界を変える』翔泳社)

Sunstein, C. (2001) *Republic. com*, Princeton University Press. (石川幸憲訳, 2003『インターネットは民主主義の敵か』毎日新聞社)

第7章 ネット社会における人間

　これまで各章で情報化の進展による生活諸領域の変容を論じてきたが，本章では情報化の進展と人間のありようの問題を考えることにする。もちろん，社会変容の主役は人間であって情報技術それ自体ではないが，情報技術が人間に与えるインパクトは無視できない。そこで情報化の進展を大きく2段階でとらえ，第1節では情報化社会における人間像，第2節ではネット社会における人間像の変容，第3節ではビッグデータ時代の人間像として情報技術が人間に与えるインパクトを論じる。

第1節　情報化社会における人間像

1-1　情報化のルーツと現実

　情報技術の進展にゆるぎない信奉をおく情報化社会論では，たとえばトフラーが「プラトピア」と表現してみせたように，理想社会が予定調和的に出現すると語られがちである。果たして「プラトピア」なのであろうか。ここでは情報化が人間社会にもたらす問題を考察していく。

　これまで明らかにされたように，情報化を推進する中核はコンピュータと通信技術の急速な進展である。そのコンピュータは大砲の命中率計算の向上を目的に，1946年，ペンシルバニア大学で考案された軍事技術である。この歴史的事実が厳然と示しているように，情報化は基本的に軍事技術の副産物である。

第二次世界大戦後の国際政治の冷戦下において米ソ両大国は,「核の抑止力」によるパワーポリティックスに国力を傾注させ,軍拡に鎬(しのぎ)を削ったことは記憶に新しい。
　人工衛星は軍拡競争においても情報化の進展の点でも計り知れない大きな存在であった。ロケットを正確に打ち上げるコンピュータの制御技術,地球からの指令を人工衛星に伝える通信技術,そして宇宙から敵の軍事基地を撮影する技術,その映像を地球に伝送する技術等々,今日の情報化を支える最先端の科学技術の大半は人工衛星の所産といっても過言ではない。そのことは,インターネットが軍事情報技術として開発されたことを想起すれば,容易に理解できる。偵察衛星が映し出す敵国の軍事情報が恐怖心・猜疑心を煽り,軍拡競争に拍車をかける悪循環の再生産をもたらしたのである。情報化社会につきまとう,その暗い歴史的影を人類は忘れてはなるまい。
　冷戦の落とし子ともいえる情報技術の進展・高度化は,社会生活の民主化を促進させる可能性を秘めつつも,基本的には軍拡競争を刺激し続けてきた。今日,東西冷戦が終結したとはいえ,軍拡競争にピリオドが打たれたわけではない。いわんや,偵察衛星による通信網が全地球をカバーしているからといって「宇宙船地球号」が「ひとつの世界」「地球村」になったわけでもない。国際平和を構築する主役は人工衛星でもテレビでもインターネットでもなく,「人間の英知」にほかならないのである。
　また,情報化にも南北格差があることは認めざるをえない。「豊かな北」による「貧しい南」の情報支配が日常化することになりかねない。当然,「南」は抵抗する。ユネスコは1976年にアフリカ諸国を中心とした「新情報通信秩序」を提案している。南の途上国は先進国の技術による工業化・近代化を目指そうとするが,その国家意思形成の前に立ちはだかるのが,「北からの情報」である。途上国の多くは自力で「情報を収集し,配布する資源と手段がかぎられているために,相互に関する情報についても大きな国際通信社に頼らなければならない」のである(MacBride〈マクブライド〉,1980＝1980：263)。地球規模

で構築されている強固な情報通信のネットワークが途上国の国家意思の形成を手こずらせるのである。

　この「新情報通信秩序」提案は一度否決されたが，その後，採択されてはいるが，ユネスコが1977年に設けたマクブライド委員会の報告書『多くの声，一つの世界』(1980)の基本的主張は，先進国側の「自由な情報発信が不必要で望ましくない政治的・社会的不安定」を途上国側にもたらしているという点にある。また，途上国が先進国の情報ネットワークに巻き込まれることは，情報帝国主義容認を意味する。しかし，先進国の工業技術は垂涎の的であるから，情報化は情報供給資源の豊富な国とそうでない国との根深い対立・葛藤をもたらすことになる。国際政治にとって途上国の政治的安定は不可欠であるが，情報化の南北格差が途上国にもたらすジレンマは決して小さくない。

　もちろん，ユネスコ・マクブライド委員会は情報化の功罪両面を，国際政治についてのみ報告しているわけではない。情報化が社会生活全般にもたらす影響についても言及している。すなわち，「データ通信は意思決定とメディア・センターの多様性を守ることによって，社会生活をより自由，より自発的かつ開放的そして民主的にすることができる」としながらも，同時に「データ通信は，社会をより階層的，より官僚的にし，テクノクラシーと集中化を強化し，(政治的あるいは財政的な)勢力によって行使される社会管理を強め，不平等(国家的，国際的双方の)を恒久化することに使われるかもしれない」懸念も指摘している(MacBride, 1980＝1980：90-91)。

　マクブライド委員会が指摘するように，たしかに情報化は社会生活の民主化を促進する可能性を秘めてはいるが，同時にリスクも否定できない。特にリスクはわれわれの文脈でいう情報化社会における人間の問題とオーバーラップする点が多々ある。そこで次に情報化社会が直面する問題・課題を検討していくことにする。

1-2　ローマ・クラブの指摘

　情報化社会で生起する問題をいち早く多面的に取り上げているもののひとつに，ローマ・クラブのレポート『マイクロ電子技術と社会(Micro-Electronics Society: For Better or For Worse)』(1982)がある。周知のようにローマ・クラブは1968年に設立された国際的な民間の研究・提言機関で，72年のレポート『成長の限界(The limits to Growth)』は，翌73年の石油危機発生で現実の問題となり，国際的に大きな衝撃を与えたが，そのローマ・クラブがマイクロ電子技術と関連の深い情報技術が社会に与える影響の功罪両面(For Better or For Worse)を指摘したのが『マイクロ電子技術と社会』である。本節では1990年代中頃までを射程に入れて情報化社会のBetterよりWorseの側面を取り上げていく。

　同レポートは情報化社会のマイナス面(Worse)の主なものとして，①個人の活動・思考の電子的制御，②プライバシー侵害，③コンピュータの誤作動・破壊による都市機能マヒ，④コンピュータ開発・設計者とその他の人びととの間の知識格差，⑤MEによる人間疎外，⑥省力化による失業，⑦VDT(Visual Display Terminal)やキーボードによる職業病，などをあげている。『マイクロ電子技術と社会』は1982年の出版ではあるが，情報化社会を展望し，マイクロ電子技術を駆使した情報技術が人間社会にもたらすマイナス面を的確に析出していると思われるので，その後の情報化の進展を踏まえて考察を加えていく。

1-3　情報化のもたらす諸側面

　まず，①個人の活動・思考の電子的制御だが，かつてオーウェル(Orwell, G.)はSF小説『1984年』(1949年)で，部屋の壁面に設置された「テレスクリーン」が住人(ウインストン)の生活を一部始終捕捉しているので，住人は監視されていることを想定した窮屈な生活を強いられる様を描いた。これは個人の活動・思考にとどまらず，先にみたマクブライド委員会報告書も指摘するように，社会全般の管理化・監視化に繋がる問題でもある。テレスクリーンは今日の情

報技術の水準からすれば幼稚で，現に人工衛星は，四六時中，地球を監視し，地表の異常・異様な物体，たとえばマンホールの蓋程度の小さな物体でさえ撮影できる。オーウェルが予見した以上に情報技術の進展はめざましく，監視カメラや携帯電話のGPS機能による個人生活の電子的監視は日常化している。こうした監視は犯罪行為の抑止効果をもつが，同時にコンピュータが収集・蓄積した多様で膨大な情報がビッグデータとしてマーケティングなどに活用されることも周知の事実である。

　個人の活動の制御という点ではポケット・ベルもそのひとつにあげられる。もともとはセールスマンの営業活動の効率化を図る目的で使われ始めた。その後，大学生・高校生，さらに中学生の間でさえ連絡用に使われるようになり，"ポケベル"と愛称され，"ベル友"現象が起きるほど普及した。ポケベルが日本に登場したのは，1968年7月で，翌69年にはわずか1万4千台にすぎなかったが，25年後の93年には670万台，12文字が書き込めるようになった95年には1千万台を突破したのである。当時，高校では休み時間になると，校内の公衆電話の前は「即レス」に焦る長蛇の列ができたほどである。電話がそうであるように，業務上であれ私的であれ，ポケベルも相手の生活活動を一方的に制御しかねないメディアである。

　ところが，電話はその後，自動車電話(79年)→ショルダーホン(85年)→小型携帯電話(87年)→簡易型電話(PHS，95年)へと急速に軽量化・モバイル化されていった。特に94年4月から携帯電話はレンタル制から買い上げ制に変わり，低価格となり，爆発的に普及し，今や，電車のなかであれ歩きながらであれ，誰彼となくメッセージを発信し，ポケベル以上に相手の生活活動をコントロールする社会が出現したといえよう。なぜなら，電話は発信者としては便利なメディアであるが，逆に受信者に立場が変わると受信者の状況を無視した迷惑メディア，自由束縛メディアに変身するからである。ちなみに携帯電話の登場でNTTドコモのポケベルは2007年3月で終了，2008年には消えている。

　つづいて，②プライバシー侵害問題。コンピュータの情報処理・蓄積能力

が飛躍的に増大し、コンピュータに蓄積された各種の個人情報がデータベース化され、プライバシー侵害の危険性・リスクが高まったのである。行政機関や企業などが収集した個人情報の目的外流用・悪用は後を絶たないが、コンピュータによるデータベース化がこれに拍車をかけている事実は、今日、枚挙に暇がない。

　たしかにプライバシー保護のためには個人情報の目的外流用を禁止するなどの法律制度の整備も重要ではあるが、同時にコンピュータにデータベース化された個人情報を防御する情報技術の開発も怠れない。たとえば通信データの暗号化によって通信相手が本人であるかどうかを確認するための「本人確証」、第三者がデータを勝手に書き換えていないかを確かめる「メッセージ確証」といった「暗号ソフト」が開発されてはいるが、開発されるとすぐにその防御技術を上回る侵害技術が開発されるイタチゴッコが続いている。暗号ソフトの開発・普及もさることながら、情報技術の進化に適合する倫理の確立が叫ばれ続けている理由もここにある。

　さらに、③コンピュータの誤作動・破壊による都市機能マヒは基本的に避けられないと考えるべきである。もちろん、誤作動・破壊にかぎらず、プログラム瑕疵は銀行業務、JRの「みどりの窓口」業務や列車運行、あるいは発電所、原子炉、精油所、通信網、各種データバンクを麻痺させてしまうが、人間がコンピュータを操作するわけであるから誤作動は避けられないと考えるべきである。もちろん、コンピュータの誤作動・破壊に備えてバックアップシステムが構築されてはいるが、もっとも悪質なケースはコンピュータ・ウイルスによるプログラム破壊である。プログラムソフトを破壊し、コンピュータを機能不全にしてしまう行為は犯罪であるが、その犯罪行為を目的とするコンピュータ・マニアがハッカー(hacker)である。

　コンピュータ・ウイルスは米国では1980年頃から社会問題化している。もし、ウイルスが国防総省のコンピュータに侵入するようなことがあれば、第三次世界大戦も起きかねない。あるいは自動列車制御装置(ATS)のプログラムが破壊

されれば，列車は止まり，都市機能は麻痺してしまう。ウイルスを見つけ出し，無害化するプログラム(ワクチンソフト)も開発されてはいるが，つぎつぎに新ウイルスが開発され，ウイルスを完全に撲滅できない現状である。

　コンピュータ・ウイルスによる犯罪以外にもコンピュータ犯罪はある。もっとも多いのは金融犯罪である。現金自動支払機(CD)や現金自動預け支払機(ATM)などはコンピュータのオンラインシステムで作動しているが，キャッシュカードの不正使用，架空取引などの犯罪が容易になった。わが国の金融機関でオンラインシステムが構築され実用化されたのは1970年代中頃からであるが，オンライン化されたことで金融犯罪は広域化している。この種の犯罪は性質上，金融機関内部の者による場合が少なくないし，キーボードを操作するだけなので，犯罪意識・罪意識も希薄といわれる。犯罪防止のためには内部のチェック体制の強化とともに，ここでも新しい倫理の確立が必要になってきている。

　さて，④コンピュータ開発・設計者とその他の人びととの間の知識格差は，コンピュータ・リテラシーにかかわる問題である。しかし，現実にはさらにその他の人びととの間においても知識格差，ひいては社会階層差が生じている。その他の人びととは，原則的にはコンピュータを「使える人(ユーザー)」と「使えない人」とに二分されるだけでなく，当然ながらユーザーもいろいろなレベルに多層化される。ヒューマン・インターフェースが進化し，誰もがコンピュータを使えるようになったとしても，文字の「読み・書き能力(literacy)」が，その有無・程度差によって階層差を生んだように，コンピュータ・リテラシーも同様の現象を生むことは明らかである。コンピュータ・リテラシーによる就業機会の選別が起きていることは周知のとおりである。

　したがって，情報化社会に対応しうる人材の育成・養成のために，1993年度から文部省(当時)は小学校段階からパソコンを普及させるために補助金政策をとっている。その後，99年12月の「ミレニアムプロジェクト」でも「教育の情報化」が重点課題とされ，「2003年を目標に世界最高水準の電子政府の

実現」を掲げ，ハード面のみならずソフト面の充実が計画されている。いわゆるデジタル・デバイド(digital divide)＝情報格差による経済的・社会的格差を縮小するための手立てが講じられてはいるが，従前のリテラシー同様，それが完全に解消されることはありえないであろう。

　ただし，情報化が日常生活のさまざまな領域に浸透し，しかも幼少期からコンピュータ機器に慣れ親しんできたデジタル・ネイティブ世代が登場してくるようになると，コンピュータ操作能力を重視する教育の必要性は弱まるであろう。もちろん，コンピュータは基本的に考えるための素材・情報を手に入れるための道具にすぎないから情報の入手・発信自体で満足してしまったのでは人間としての進歩・発展に結びつかない。より大切なことは情報解読・批判能力，さらには情報創造能力の涵養である。古くて新しい問題だが，コンピュータ・リテラシー教育といえども例外ではない。

　そして，⑤ ME による人間疎外の問題は，新技術の登場の際には必ず起きる問題である。コンピュータや通信技術の進展は生身の人間同士が直接接触する機会を否応なく減少させる。テレビ電話，テレビ会議，パソコン通信，eメールは，たとえばトフラーが描く「エレクトロニック住宅」での在宅勤務を可能にする一方で，こうした機械を媒介にした対話(man machine communication)は距離を無化し，具体的個人＝他者を消滅させてしまいかねない。eメールやパソコン通信による他者＝社会との交流＝コミュニケーションに熱中する人たち(その極端な例が"コンピュータおたく")の増加が危惧されてもいる。彼らは画面・仮想現実(virtual reality)を通しての印象・イメージを肥大化させるだけで，現実社会での対応能力を養えないばかりか，逆に低下させる可能性も否定できない。

　従来，自己確立・人格形成にとって生身の人間との相互作用の重要性が説かれてきたが，情報化社会では仮想現実におけるやりとりも自己確立・人格形成の場になりつつある。この人格形成過程の変容は，当然，これまでとは異質な人格を生み出すであろう。そうなると，たとえば繊細で微妙な感情(喜怒哀楽)

の交換技術を身に付けられず，無感動・無表情な人間も多くなりかねない。1997年に爆発的人気の頂点に達した電子ペット「たまごっち」，あるいは喜怒哀楽といった感情表現や自律的行動・学習プログラムを装填した人工知能型犬ロボット「アイボ」(99年)がどんなに精巧にできていようとも，それらは「代用品」にすぎず，「飼い主」の人間性を豊かにするとは考えにくい。

　ところで，コンピュータを媒介にしたコミュニケーション（CMC：Computer Mediated Communication）で成立する電子コミュニティ（ネット・コミュニティ），あるいはバーチャルリアリティに人間は本質的に満足するのであろうか。たしかにそうした電子コミュニティに閉じこもってしまう人間もすでに出現しているが，他方ではそれに満足できず生身の人間との直接接触欲求を募らせる人間も多くなるとも予想される。もし，情報化が人びとを電子コミュニティに閉じこめてしまうとするなら，それは人間の健全な発達を阻害しかねない。「プラトピア」どころか「逆ユートピア」とならざるをえない。いずれにしろ情報化の進展が人間疎外の問題を孕んでいることは否定できない。

　つぎは，⑥省力化による失業の問題である。新技術は人間労働を機械に代替させることに連動するので失業問題を随伴することになる。歴史的にはグーテンベルグ（Gootenberg, J. H.）が15世紀中葉に活版印刷を発明した時，パリにいた6千人ほどの「写字生」たちは失業を恐れ，この新技術の導入を発明後20年近くも阻止し続けたといわれる。あるいは産業革命時の18世紀後半にはラダイト運動が起きている。このように，常に新技術が人びとに歓迎されるとはかぎらない。仕事を奪われることは人間存在の根幹に関わるだけに，新技術導入に対する抵抗には根強いものがある。

　1960年代後半から始まる日本社会の情報化は高度経済成長による雇用の拡大，あるいは配置転換などの日本的雇用慣行によってあまり大きな失業問題を生まなかった。しかし，情報化の進展によって省力化が進み，産業構造・就業構造が変容していくと，コンピュータ・リテラシー格差＝デジタル格差による失業も当然予想される。1994年の郵政省電気通信審議会の答申「21世紀の知的社

会への改革に向けて」では240万人の新たな雇用が創出されると予測はしていたが，たとえばインターネットを使ったビジネスやカタログショッピングといった購買行動は，必然的に問屋・卸部門で大量の失業者を生み出すことになる。しかし，他方では情報化の進展は運送業などでの雇用は増大することになる。問題は失業と新規雇用とがトレード・オフの関係になるかどうかである。

ただし，バブル景気崩壊後，日本は高度情報化政策を経済再生の起爆剤にしてきたものの，「240万人の新たな雇用創出」どころか，失業者は増加しつづけ，さらに20世紀末のIT革命ブームも大きな期待をもたせながらも，あえなく「ITバブル」は崩壊し，失業者増大を加速させた現実を直視しなければならない。

最後は，⑦VDTやキーボードによる職業病である。この問題にはTVゲームと青少年の視力低下や，英国で大きな社会問題になったTVゲームとテンカンの関係なども含めなければならないが，ここでは職業病に限定することにする。コンピュータ操作が眼精疲労，緊張，疲労，肩こり，頭痛，皮膚炎等々の問題を引き起こすことは周知の事実である。当初は1日のコンピュータ操作時間を限定する，あるいは頻繁に休憩時間を設けるといった対処法が試みられていたが，やがてディスプレイの輝度，表示の色，文字の形や大きさおよび間隔などをはじめとする人間工学的視点での改良・改善によって，コンピュータ操作が引き起こす心身の健康問題は徐々に緩和されつつある。したがって，今日ではコンピュータ操作はルーティン化しているが，問題がなくなったわけではないことはいうまでもない。

ただし，職場ではコンピュータ操作に習熟しないと，テクノコンプレックス(techno complex)やテクノストレス(techno stress)が生じかねない。逆にコンピュータにのめりこんでしまうとテクノ依存症やテクノシンドローム(techno syndrome)を生むといった問題があることも事実である。

ここでコンピュータが労働環境に導入されたことで生じる根本的問題に言及しておかねばならないであろう。それは情報化社会論の多くが描く自由時間の創出・増大問題である。情報化の進展で仕事の効率化・省力化が進み，自由時

間が増大し，人びとは好きなことに打ち込めるようになるといわれてきた。果たしてそうであろうか。情報通信ネットワークのグローバル化が進展するほど忙しくなる人を誕生させることになる。インターネットは地球大のネットワーク化であり，「24時間稼動社会」にシンクロした労働を強いられることにもなる。こうした労働環境に過剰に同調することは過労死を招きかねない。個々の職業病も真剣に取り組まねばならない問題であるが，こうしたマクロレベルの社会的病弊についても十分留意しなければならない。

　これまでローマ・クラブ・レポートに準拠しながら，現に生起しつつある情報化の進展に伴う問題を考察してきたが，情報化社会はマイナス面ばかりの暗黒社会では決してない。ただ，多くの情報化社会論が説く効率性・快適性といったプラス面(Better)ばかりに眼を奪われてはならないことを強調しておかねばならないであろう。もちろん，今日，情報の送信・受信の点では利便性が高まったが，その利便性の維持・管理にはコストを要する点も見逃せない問題である。当然，情報化のインフラを維持・管理するコストはユーザー＝消費者の負担である。その負担に耐えられる社会は経済的に豊かな社会が前提となる。しかも，情報の受信・発信には適量・際限がないので，コストも膨らみかねない。まさに「情報の産業化」が進展し続けることになる。

　情報化社会が高度情報化社会，そしてインターネット社会へと進展するに伴い，解決を迫られる課題もバージョンアップしていることは事実である。単に倫理の問題に転嫁することなく，常にそれに対処しうる社会制度の整備が急務である。コンピュータを中核とする情報技術と通信技術の急速な進展を制御するのは人間をおいてはほかにないことを再確認する必要がある。

　"進みすぎたテクノロジー，遅れてくるデモクラシー"を繰り返さないためにも情報化の進展にシンクロした社会制度の整備が急務である。

　次節では，情報化が高度に進展したネット社会における人間の問題を展望する。

第2節　ネット社会における人間像の変容

2-1　コンピュータ技術の様相

　前節でも示したように，当初は計算機として特に軍事利用を中心に応用されてきたコンピュータではあるが，その合理的運用のみに人びとの関心が集中していたわけではない。むしろ強力な「個人主義」や「人間性回復」の視座からコンピュータ技術が論じられてきた側面も見逃せない。そこには一定の技術的可能性をも秘めていたことを確認しておく必要がある。

　その反面，ブロードバンド技術が普及する「ゼロ年代」とも称された2000年以降，このような個人尊重の理念がグローバリゼーションとともに大きな政治，経済活動に強力に回収されかねない危険性を孕むことになった。旧来の「個人が権力者に抗う」という単純な図式がどこか虚しさを帯びてシラケたものとなり，素朴な人間主義すら通用しなくなる状況を呈している。むしろ，人間そのものが自発的にCGM (Consumer Generated Media)やライフログにより大量のデジタルデータを産出し，それらはビッグデータとしてデータアナリストやデータサイエンティストといった職種を誕生させつつある。

　かつて，レッシグ(Lessig L.)は旧来型の監視社会と全体主義の象徴的人物としてオーウェル(Orwell, G.)やスターリン(Stalin, J.)をあげつつ，それらを過去のものと位置づけ，新たに現出しつつあるウェブ社会におけるコントロールを「アーキテクチャ」とした(Lessig, L., 2006＝2007：xv-xvi)。はたして，人間が主体的に生きることがどのように可能なのか，情報技術に媒介された人間観のなかに自由はどのように位置づけられるのかを詳細に論じる必要がある。

　また，コンピュータの普及は常にコミュニケーションの標準化や規格化と結びついた一方で，人間はネット化時代に直面し，どのように規範や秩序を形成しつつあるのだろうか。はたして情報メディアのパーソナル化は人間を自由に解放する手段となったのであろうか。以下では，特にコンピュータと個人のか

かわりを考えるうえで米国西海岸を中心として展開された「ヒューマン・ビーイン」，さらには 90 年代の「デジタル・ビーイン」について確認しておく。これらは，現代社会，情報社会のなかで人間性の回復を目指した運動である。

　まず，70 年代に計算機科学者のケイ(Kay, A. C.)の「ダイナブック構想」をもとに，1973 年にパロアルト研究所で製作された ALTO は，GUI(Graphical User Interface)をはじめとする革新的な設計思想を提示した「個人のための」コンピュータであった。1980 年代は ALTO に強く影響をうけた Apple 社の Macintosh をはじめ，さまざまな OS をもつパーソナル・コンピュータが市場に流通しており，Windows 自体もいくつかのプラットフォームでいくつかのバージョンが存在していた。ただし，一般に「PC＝Windows 機」となり，Wintel 体制(Windows と Intel 社の CPU を搭載したパソコンが市場を席巻した状況)が盤石の体制を築く契機となったのは Windows95 の登場以降である。以後，Microsoft 社の影響力がきわめて強力となり，同社の諸技術が技術標準(de facto standard)となることで，欧州・欧米ともに幾度も独占的状況に対する司法上の手続きが繰り返し取られることとなった。結果として「パーソナル」コンピュータの選択の自由はその市場においてはごく少数の選択肢しかない状況になりつつあったといえる。

　このような技術の登場を背景として個人の自由や主体性はどのように理解されるであろうか。詳細な前史は省略するが，コンピュータ文化と個人をめぐる思想や認識の理解は，やはりコンピュータサイエンスの発展した米国に着目することが近道である。軍事・経済・産業において覇権を握ることとなった第二次世界大戦後の米国において，60 年代以降は東西冷戦下における米ソの代理戦争が生じ，文化産業はハリウッド的スペクタクル産業が西海岸で大きく開花する時期でもある。このような状況にあって，長期化するベトナム戦争における犠牲者の増加とともに，一種のデモクラティックな草の根活動やカウンター・カルチャーの登場がみられた。なかでも米国でのカウンター・カルチャーとして象徴的な出来事は，ウッドストック・フェスティバルであろう。このフェス

ティバルは米国のニューヨーク州で1969年に開催された40万人を超える大規模な野外音楽フェスティバルであり，ロックやヒッピーなどのカウンター・カルチャー全盛期の象徴でもある。

また，Apple社の創業者のひとりであるジョブズ(Jobs, S.)はライフスタイルカタログ雑誌『ホール・アース・カタログ』に当時は影響をうけた。これはヒッピーにとどまらず，ニュー・サイエンスや東洋思想なども含み，特に西洋的近代主義や科学観を批判しつつ人間性回復や自然への回帰を目指した運動にも重なり，新しいライフスタイルとして「ヒューマン・ビーイン」のムーブメントが生じた。実際，ジョブズが東洋思想や日本に深い関心をもったこともこれらと無関係ではない。ヒッピーそのものは，勝利者なき泥沼化の末のベトナム戦争の終結により，カウンター・パートが消滅し，沈静化してゆくが，ヒューマン・ビーインは新たな形で「中央集権」的構造を批判し「自律分散」型の社会を模索した。このような思想運動は「ニュー・エイジ」や「デジタル・ビーイン」としてその後模索されてゆくこととなるが，裏を返せば西洋的な近代主義や合理主義はグローバリゼーションのなかで引き続き強固に温存されていたともいえる。

いずれにせよ，これらが90年代のマルチメディアやヴァーチャル・リアリティ文化における人間観の基礎となる。米国西海岸の文化や産業の興隆を概観すると，ハリウッド的なメディア産業からカウンター・カルチャーまで広がりをもつが，そこにおいては一定の米国的な民主的な理念があったことは確認できる。つまり，パーソナル・コンピュータは，軍事組織や政府などに導入されていた汎用大型コンピュータやメインフレームとは異なる思想により構想されていたといえる。

2-2　日本におけるパーソナル・コンピュータの環境

日本でのパーソナル・コンピュータを取り巻く状況はこれらに影響をうけつつも，独自の生態系を構築していった。さしあたりここでは2000年前後をお

おまかな境界としその前後の情報化の動向を概観するために，便宜的に1995年，2000年，2005年，2010年の4つの時点で区別をしておく。

　まず，95年は日本国内では「インターネット元年」と称され，パーソナル・コンピュータが一部のマニアや仕事での利用だけでなく一般家庭に普及してゆく契機となり，前述の通りMicrosoft社とIntel社が圧倒的な影響力をもつ時期である。2000年を過ぎると安価な常時接続が一般的となり，「ブロードバンド元年」に進化したが，膨大なウェブデータの前では個人の能力には制約があるため「検索」が重要な役割をもつこととなる。1998年に設立されたGoogle社が2004年に株式公開されたことはこの時期の象徴的出来事である。しかし，この時期は同時にITバブルの到来と崩壊を経験する時期でもあった。そして，テロへの脅威をきっかけとする規制やセキュリティ意識が高まりつつあった。ただし，情報化産業の進展はとどまることはなかったので，2005年以降はインターネット上の送信／受信の役割が流動的となる。

　CGMにみられる消費者生成型のメディアともいえるWeb2.0が一般的となって，「ソーシャル」なメディア誕生の技術的基盤が形成されつつあった。さらにハード面でもパーソナル・コンピュータからユビキタス・コンピューティングが一般化し日常に溶け込む一方で，クラウド・コンピューティングに至る技術的トレンドを準備していった。特にNFC (Near Field Communication) を応用した携帯電話の高機能化，洗練されたGUIとタッチパネルを標準化したスマートフォンの登場ともあいまって，ハード／ソフトウェア両面でパーソナルメディアはソーシャルメディアとの関係性を洗練させていったのである。特に2010年前後は，業界標準を目指し，Apple社とGoogle社がスマートフォンのOSシェア争いをめぐり熾烈な競争を繰り広げたことは記憶に新しい。今日では，パーソナル・コンピュータで大きな役割を演じたMicrosoft社までもがこれらに本格的に参入することとなった。そして，ウェアラブルコンピュータはアイウェア (Google Glass) やブレスレット (Apple Watch, Smart Watch (sony)) などに埋め込まれ，身体の一部となり人間そのものが拡張されることとなる。その結

果，われわれは意識することなく日常生活のデータがネットワーク上に蓄積されることになる。

大まかな流れは以上のとおりであるが，少しさかのぼって90年代初頭の日本国内では，幾分状況は特殊であり，パーソナル・コンピュータの市場はよく言えば「多様」であり，悪く言えば統一化されていない「ガラパゴス」的状況にあった。特に80年代以降のパーソナル・コンピュータは国内メーカーが強く，NEC（米国ウェスタン・エレクトリック社との合弁会社であり，第二次世界大戦中に住友財閥傘下となった経緯をもつ）が大きな役割を演じた。「国民機」とまで称されたNEC社のPC-9801シリーズを筆頭に，各社がシェア争いに鎬を削っていたのが90年代初頭である。しかし，実際にはオフィス，エデュケーション，ホビー，クリエイティブなど用途に応じて棲み分けられ，各社が独自の市場を形成していたといえるが，95年以降は日本国内でも，Microsoft社のOSを中心としたエコシステムが優勢となる。

もちろん，Windows95はALTOやMac OSの後発ということもあり，比較的完成されたGUIを備えることで，コンピュータ利用の敷居を下げたことに相違はない。日本国内でパソコン用OSのデファクトスタンダードとでもいえる状況となるには，さまざまなMicrosoft社のエコシステムの構築が重要となる。これにより，一般に普及すればするほど，技術に無関心な新規ユーザーの大多数はマスマーケティング（つまりTV CM）に従う情報行動をとり，「沈黙の螺旋」状態となる（＝みんなが持っているから自分も持とう）。それは，経済学的な「バンドワゴン効果(Bandwagon Effect)」や「ネットワーク外部性(Network Externality)」により個々人が主体的な判断を節約したネットワーク参加の様相を呈することになる（＝LINEを使わなければ，学校での友人関係が破たんする）。

2-3 ブラウザ戦争

さて，Microsoft社のこのようなエコシステムを考える際に，Windows95の出現からほどなく，無料のウェブブラウザInternet Explorerが登場した影響は

無視できない。後継 OS の Windows98 においてはブラウザが OS に統合されたことで，先発で大きなシェアを占めていた有償ブラウザである Netscape Navigator のシェアは 2000 年まで下がり続け，「ブラウザ戦争」といわれたものの，Microsoft 社のほぼ一人勝ち状態となった。ブラウザが有償ではなく OS の標準機能として一体化しつつあったからである。このような独占的な状況については 98 年には米国司法省により反トラスト法として提訴され，欧州でも欧州委員会によって違法とみなされ，くりかえし制裁金が課された。それにもかかわらず表計算ソフトやワープロソフトなど，Office ソフトについても似たような状況が生じ Windows を中心とした OS 環境が中心となった。

　パーソナルメディアを目指したひとつの帰結として，「個人のためのツール」として登場したパーソナル・コンピュータが，現実には大企業に独占され，使用せざるをえない逆説状況を生んだことになる。ただし，このような状況に対して，インターネットを活用した草の根的な活動やオープンソース運動などが一定の批判的役割を演じていることも看過できない。このようなせめぎあいのなかでこれまで情報化が進展してきた。

　インフラ面でみても，コンピュータ・ハードウェアの市場拡大と同時に通信産業でのブロードバンド化が喫緊の課題であった。日本国内においては放送法と通信法の枠組みがインターネットサービスの展開に際しボトルネックとなったが，徐々にその枠組みを実質的に突き崩す動きがでてきた。95 年以降，パソコンの普及はインターネットの普及と同義でもあった。したがって，ウェブ情報がより大容量データによるリッチ・コンテンツ志向になり，結果として常時接続と回線速度の向上によるブロードバンド化が期待された。そこで，当時，NTT は ISDN によるデジタル回線への移行期であったが，これが NTT の寡占的状況を 2000 年に向けて変容させることになった。

　また，他の通信業者による CATV を利用した常時接続サービスから，新規事業者による既存のアナログ回線を利用した高速の常時接続サービスである ADSL が普及するにつれて，より高速で低価格な常時接続サービスが一般化し

つつあったのは2000年頃である。しかも，日本ではIT戦略本部が設置され，e-Japan重点計画とともにIT革命が喧伝されたことで，2001年はブロードバンド元年と称された。しかし，このように95年から2000年にかけては，経済的な側面が重視されつつも，同年の米国での9.11テロ事件により，ITバブルがはじけて日本も含め世界的な景気後退となる。

　このような，社会政治経済情勢の世界的混迷のなかにあって，ネット社会の観点からすれば情報量の爆発的増大状況が持続していった。個人の情報処理能力(認知能力)には限界もあるため，「検索」のもつ社会的／経済的意味が増大したことはすでに示した通りである(＝わからないことはGoogleで)。商業Webの構築ではSEO(Search Engine Optimization：検索エンジン最適化)が一般化し，Google社は新しいネット広告代理店の役割を担うこととなる。もはや，インターネットにより情報環境がユニバーサル化し，ハードもコモディティ化した結果，OS以上に検索プラットフォームのもつ社会的意義が増大し，パーソナルなメディアは結果的に検索技術へ依存せざるをえない状況をもたらした。すなわち，検索サービスの寡占化は意図する／せざるにかかわらず「グーグル村八分(Google censorship)」が生じるとともに，一種の検閲的な性格さえもつこととなる。このような情報環境においては，個人は「万能感」と「無力さ」とを同時に味わうこととなった。

第3節　ビッグデータ時代の人間像

3-1　ポストモダニズムと情報化

　デジタル・ビーインがアメリカ文化のなかで登場しつつも，95年以降のさまざまな技術標準や市場の独占的傾向のなかで薄まりつつあることを確認してきた。

　2005年以降の飛躍的なWeb2.0型のサービスの登場は，単純に言えば個人の

アカウントを取得し自分のサイトを作成することで，すぐさま主体的な情報発信がコンテンツとなる CGM サービスを成立させ一般化させた。個人でホームページを一から作成するといった作業は不必要となった反面，これらは共通のデータ構造で大量にサーバー上に蓄積され，ビッグデータ活用によるマーケティングのなかに個人は組み込まれることとなり，近代的な個人の前提となる自己，主体，理性，責任といった概念が改めて問い直される必要がでてきたのである。前述のレッシグの言葉を借りるなら，「アーキテクチャ」によるコントロールの登場である。

　さて，情報化社会の人間観や理念を考える際に，アメリカ的な「ヒューマン・ビーイン」運動とは別に，ヨーロッパ系の思想や運動においてソシュール(Saussure, F.)の言語学やレヴィ＝ストロース(Lévi-Strauss, C.)の構造主義的文化人類学などの影響下から生まれた，構造主義，ポスト構造主義が一大勢力をもつこととなったことを指摘しておかねばならないであろう。そして，このような思想や運動がアメリカ的な情報化の対抗的思想として 1990 年代には情報社会論とともに論じられることも少なくなかった。たとえば，ドゥルーズ(Deleuze, G.)は，ノマド的「リゾーム(根茎)」が中央集権的な「ツリー」に対抗するモデルであるとして西洋的理性を批判した(Deleuze, G., 1980 = 1994：15-39)。当時は，インターネットの構造をリゾームに見立てることは一定の妥当性があったと言える。また，バルト(Barthes, R.)は旧来特権的な立場におかれていたテクストと作者の関係において「作者の死」(つまり読者の発見)を宣言し(Barthes, R., 1968 = 1979：79-89)，フーコー(Foucault, M.)は膨大な考古学を展開するなかで，「人間は波打ちぎわの砂の表情のように消滅するであろう」として議論を終えたことは有名である(Foucault, M., 1966 = 1974：409)。これらの近代的な理性批判に共通する立場を踏まえるなら，自己や主体，理性といった人間を支える概念自体は歴史的であり必ずしも自明ではないことが理解できる。フーコーが指摘したように，近代的な人間が「波打ちぎわの砂の表情のように消滅」した時に砂の陰影が何か別の有意味な形態をとるとすれば，それは，ポ

スト・ヒューマンの到来である。そこで以下では，この点を詳述することにする。

3-2　デジタル化社会における所有者

　さて，前節で確認したように，コンピュータは計算機としての役割から，コミュニケーションメディアとして大きく発展してきた経緯をもつ。ただし，今日の情報化技術とは決して情報通信システムのコミュニケーションに限定されるものではない。なかでも，2003年にゲノム解析が終了したことは人間観や生命観をめぐる象徴的出来事と言える。その第1の意義は1990年代に米国の省庁の主導で開始されたヒトゲノム計画(Human Genome Project)が米国コンピュータ技術の加速度的な発達によって当初の予定年を待たずに完了したことである。第2の意義は，このようなゲノム解析が民間企業の参入により加速され，遺伝子情報の特許化が試みられたことである。これは生命情報の解析が産業的にきわめて大きな重要性をもつことを意味し，事実，今日の遺伝子情報に関連する特許は膨大な数にのぼる。すなわち，生命に関連するこれらの情報を，近代的主体性に基づく所有概念ともいえる「知的財産」として認めようとする際，解析された遺伝子情報のどこまでを解析により個人や私企業のものとみなすかが問題となる。たとえば，情報化社会における知的財産を論じるなかで名和小太郎は，このような投資に対するインセンティブが「額に汗の理論」であるから，産学含めて「情報の自由な交換が損なわれるようになった」と指摘している(名和，2010：134)。

　なお，権利強化の流れは，デジタルコンテンツの流通においても，既存勢力の権益保護の流れをあらためて指摘しておく必要がある。ベルヌ条約(1886年)以降，著作者の死後50年が著作権の国際標準であり，日本もその流れにしたがってきた。しかし，EUでは1993年に，米国においては1998年に著作権は著作者の死後70年へ延長された。特に後者はハリウッドでの文化産業の権利強化の影響が強かった。日本も2003年に映画の著作物については公表後70年に延長された。

名和の指摘した「額に汗の理論」は個人や法人の尊重であるが，著作者や企業の権利強化をしすぎた場合，弊害が大きすぎる特許や著作権などもあるため，旧来の法制度には馴染まない著作物も登場してきた。その結果，GNUプロジェクトにみられるオープンソース運動，コピーライトに対するコピーレフト，クリエイティブ・コモンズなどの考え方が対抗してきていることも事実である。

3-3　デジタル化の進展のゆくえ

最後に，このようなデジタル化の進展は人間をどのように再構成してゆくのであろうか。近未来映画『GATTACA（ガタカ）』(1997)はDNA操作によるデザイナー・ベビーが当たり前の世界が舞台となり，自然出産で生まれた人間は「劣った」遺伝子をもつ，「不適正者」として差別される状況にある。主人公は宇宙飛行士を夢見るが，自然出生で劣った遺伝子をもつ不適正者には雇用の道は最初から開かれていなかった。劇中では不適正者の主人公がいかに適正者の象徴である宇宙飛行士になるかというストーリーであったが，仮にこのような施策が実現された場合，医療サービスをうけられるかどうか（医療格差）だけでなく，優劣の境界線をどこで引くか（価値と権力）など，規範や倫理に対するコンセンサスが果たして成立するのかが大きな問題となろう。

一方で，『1984』に話題を戻すと，ビッグブラザーの監視は視覚的によるものである以上，当然監視の限界が生じることとなる。監視者が人間であるとすれば，ちょうどインターネット上の情報を検索エンジンなしに探し出すことに困難が生じたような制約が付きまとう。したがって，監視情報が「生身の人間」を介する以上は荒唐無稽であったといわねばならない。しかし，情報技術の進展とともに，昨今これらのブレイクスルーが生じつつあるように思われる。象徴的な出来事としては，デジタル化された監視カメラとそれに伴う人物認証システムの導入である。JR西日本での試験的な導入段階から，すでに実用試験に移行しつつあるが，これはパターン認識アルゴリズムの劇的な向上に支えられている。この認証システムは，Aという地点で$α$という人物と$β$という人物

が区別され，人物ごとに ID が振られる。次に B という地点で a という人物が通行すると a が継時的にどのように移動しているかを追跡できる。

　また，ユビキタス・コンピューティングのひとつの応用事例として非接触 IC カードがあげられる。なかでも JR 東日本は個々の Suica 利用状況が第三者である企業に販売していたことが明らかになり，多くの問い合わせが相次いだことで販売を停止することになった(2013 年 7 月)。厳密には個人情報に該当する部分は販売の対象外となってはいたが，JR 西日本と同じように個人別のデータベースを形成することは可能である。今日ではスマートフォンなどの移動体メディアにおいても，有償／無償を問わず，さまざまなアプリケーションソフトやサービスが GPS や IP アドレスからの位置情報や購入情報が参照可能になりつつある。これは，レッシグが提起したアーキテクチャのひとつの側面であり，意識的に抵抗することが困難なものである。

　このようなデータの利活用は，ビッグデータとしてさまざまな応用がメリットとして論じられているが，ユーザー(それは潜在的な消費者ともなる)の十分なコンセンサスを得ておかないと問題となる。一方，消費者教育の視点からも，検索技術やデータマイニングは，Web2.0 でのメリットでもあるユーザーの主体的な情報発信がそのまま活用されていることも学習されるべき課題であろう。特に，「パーソナルデータ」の利用をめぐっては，企業や事業サービス主体と消費者側ではその定義から利害まで十分なコンセンサスを得られていない。このように，クラウド(cloud)時代においては，個人はクラウド(crowd)と認識され，デジタルデータの塊においては，パン屑の欠片程度にとらえられることとなった。

　以上，やや悲観的な展望となったが，情報のデジタル化は現代の科学技術の成果ともいえ，大きく人類に貢献した側面は否定できない。ビッグデータ解析にしても，人間を対象にしないサービスもあるが，人間のライフログやセンサリング技術と組み合わされてユビキタス技術と結びついていることも事実である。しかし，盲目的な合理化や技術化がさまざまな随伴性や意図せざる非合理性を生じさせてきたことも事実である。そうした点に批判的な役割を引き受け

たはずの，かつてのデジタル・ビーインやポスト・モダニズムは批判的な役割を演じつつも，デジタル・ビーインは大きな経済市場に飲み込まれ，また，ポスト・モダニズムも同様の消費文化に取り込まれた側面も否定できない。前者については，本論ですでに論じてきたが，後者は社会学者のフェザーストーン(Featherstone, M.)の『消費文化とポストモダニズム』で「ポストモダン社会学」と「ポストモダニズムの社会学」を区別し，前者については自分自身が流行になろうとするポストモダニストの生態系を論じたものであったことが想起される。「こうしてポストモダニズムは，消費文化の成長と象徴財の生産と流通にかかわる専門家や仲介者の増大を伴う，長期にわたる過程を背景にして理解されなければならないということになる」(Featherstone, M., 1991 = 2003：83)。

これは，ポストモダニストが本来の議論の対象としていたはずの消費プロセスに，ポストモダニスト自身が飲まれているともいえる。フェザーストンの指摘はいささかシニカルであるが，実際は強力な消費社会に意図せざる形で流行となって消費社会に組み込まれたポストモダニストも多いであろう。いずれにせよ，旧来の「ポストモダン」のラディカルな思想が消費メカニズムに組み込まれ失効した側面も強い。このような議論をふまえるならば，単にモダニズムの乗越えや批判を言挙げするだけでなく，これらに自覚的，反省的に向き合うことが(困難さをともないつつも)否応なく突きつけられているのである。

引用・参考文献

アラン・ケイ著，鶴岡雄二訳(1992)『アラン・ケイ』アスキー
「JR東，法整備まで見送り『スイカ』履歴外販」(『日本経済新聞』2014年3月21日，朝刊12面)
名和小太郎(2010)『著作権2.0 ウェブ時代の文化発展をめざして』NTT出版
フィリップ・ケオーほか著，西垣通編訳(1997)『思想としてのパソコン』NTT出版
西垣通(1994)『マルチメディア』岩波書店
濱野智史(2008)『アーキテクチャの生態系：情報環境はいかに設計されてきたか』NTT出版

Barthes, R. (1968) *La mort de l'auteur*, Manteia, V, fin.(花輪光訳, 1979『物語の構造分析』みすず書房, 79-105)

Deleuze, G. & Guattari, F. (1980) *Mille Plateaux: Capitalisme et schizophrénie*, Editions de Minuit.(宇野邦一ほか訳, 1994『千のプラトー：資本主義と分裂症』河出書房新社)

Featherstone, M. (1991) *Consumer Culture and Postmodernism*, Sage.(川崎賢一・小川葉子編訳(2003)『消費文化とポストモダニズム　下巻』恒星社厚生閣)

Foucault, M. (1966) *Les mots et les choses: une archéologie des sciences humaines*, Gallimard.(渡辺一民・佐々木明訳, 1974『言葉と物　人文科学の考古学』新潮社, 409)

Friedrichs, G. and Schaff, A. (ed.) (1982) *Microelectronics and Society: For Better or For Worse*, Pergamon Press Ltd., England. (森口繁一監訳, 1983『マイクロ電子技術と社会』ダイヤモンド社)

Lessig, L. (2006) *CODE 2.0*, Basic Book.(山形浩生訳, 2007『CODE VERSION 2.0』翔泳社)

MacBride, S. (ed.) (1980) *Many Voice*, One World(永井道雄監訳, 1980『多くの声, 一つの世界』日本放送出版協会)

Orwell, G. (1949) *Nineteen Eighty-Four*, Secker & Warburg, London.(新庄哲夫訳, 1972『1984年』早川書房)

索　引

欧文

AR（Augmented Reality：拡張現実）技術　20
ASP（Application Service Provider）　84
BYOD（Bring Your Own Device）　65, 91
CAI（Computer Assisted Instruction）　51-53
CGM（Consumer Generated Media）　14, 138, 160
CSCL（Computer Supported Collaborative Learning）　51, 53
Digital Immigrants　61
EC（Electronic Commerce）　83-84
e-Learning　53
iモード　13
MOOCs（Massively Open Online Courses）　61, 63
OA化　80
SaaS（Software as a Service）　84
SCM（Supply Chain Management）　80
SEO（Search Engine Optimization）：検索エンジン最適化　166
SNS　14
SOHO　80, 81
TED　62
UGC（User Generated Contents）　14
web2.0　13
Windows95　12

和文

あ行

アーキテクチャ　160
アーパネット　11
アラブの春　18
暗黙知　75
ヴァナキュラー　26
ウィキノミクス　93
ウェアラブル（身に付けられるもの）　20
ウェアラブルコンピュータ　163
「ウォール街を占拠せよ」運動　18
エレクトロニック・コテージ　78
エレクトロニック住宅　9
炎上　141
オープン・エデュケーション　63
オピニオン・リーダー　130
オンライン・コミュニティ　114

か行

カーン・アカデミー　66
カウンター・カルチャー　161
カエルコール　40
家畜化（ドメスティケーション）　34
学校裏サイト　16
擬似環境　127, 139
技術決定論　34, 101
議題設定機能仮説　132
客体化（オブジェクティフィケーション）　35
教育の情報化　51, 52, 55-57, 59, 65, 155
クラウド・サービス　85
クラウド・コンピューティング　15, 163
クラウド・ファンディング　19
クラウドワークス　94
群衆　126
ケーブルテレビ　108
ゲーミフィケーション　68
結合（インコーポレーション）　35
限定効果説　130
コミュニケーション二段の流れ　130
コミュニティ　98, 99, 114
コミュニティ・オブ・インタレスト　103
コワーキング　92
コンピュータ・リテラシー　155

さ行

サイバー・カスケード　19
産業の情報化　8
市民　127
ジモト（地元）　120
社会関係資本　117

社会構成主義　34, 53, 70, 101
集団極性化　141
純粋な関係性　41
情報縁　103
情報教育　57
情報経済学　2
情報社会　10
情報スーパーハイウェイ構想 NII　12
情報の産業化　8
職場の民主化　77
情報産業　2
シリアスゲーム　67
政治サイト　136
正統的周辺参加論　54
セキュリティポリシー　91
占有(アプロプリエイション)　35
総表現社会　139
ソーシャル・メディア　14, 17-19

た行
第三の波　9
第三の場　92
ダイナブック構想　161
第四階級　126
第四権力　134
地域 SNS　116
地域情報化　99
地域メディア　104
知識産業　3
知識社会　3, 10
沈黙の螺旋　164
沈黙の螺旋仮説　133
ティーチングマシーン　52
デジタル・デバイド＝情報格差　156
デジタル・ネイティブ　60, 61, 69, 156
テレスクリーン　152
テレポリティックス　131

テレワーキング　81, 87
テレワーク　86-90

な行
ニューメディア　8
ネオ・コンピュータ　83
ネット・コミュニティ　114, 115
ネットいじめ　16
ネット世論　140
ネットワーク外部性　164

は行
バーチャル・コミュニティ　114
ハッカー　154
パブリック・アクセス　109
反原発デモ　19
反転授業　64
バンドワゴン効果　164
ビッグデータ　18, 20, 170
ヒューマン・ビーイン　162
不安社会　99
プライバシーポリシー　91
プロシューマー　93
ポケット・ベル(ポケベル)　13, 25, 153

ま行
麻酔的悪作用　142
モバイル・メディア　13, 25

や行
ユーティリティ　11

ら行
ローマ・クラブ　152
6次の隔たり　17
炉辺談話　129

編・著者

＊飯田良明(いいだよしあき)(第1章第1・2節，第6章，第7章第1・2節)
実践女子大学人間社会学部教授
中央大学大学院文学研究科社会学専攻博士課程満期中退
専門は政治社会学，マス・コミュニケーション論
主要著書として『現代の選挙』(潮出版社，1974)，『マス・コミュニケーション論Ⅰ』(放送大学教育振興会，1985)，『新・情報社会の現在』(学文社，2004)

＊松下慶太(まつしたけいた)(第1章第3・4節，第3章)
実践女子大学人間社会学部准教授
京都大学文学部・文学研究科修了，博士(文学)。フィンランド・タンペレ大学ハイパーメディア研究所研究員を経て，2008年から実践女子大学人間社会学部専任講師，2012年より現職。
専門はメディア論，若者論，コミュニケーション・デザイン。
主な業績として，『デジタル・ネイティブとソーシャルメディア』(教育評論社，2012)，『コンピュータ・インターネット時代における教育・学習』(実践女子学園学術・教育研究叢書，2011)など。

河井延晃(かわいのぶあき)(第4章，第7章第3・4節)
実践女子大学現代生活学科講師
東京大学学際情報学府博士課程単位取得退学，修士(学際情報学)。
実践女子大学生活科学部生活文化学科(2009-)を経て現職。
主要論文に「T.Winogradのシステム観と現代的意義：情報社会におけるデザインの理論的課題」(『社会情報学研究』13(2))，「ユニバーシティ・アイデンティティの現代的意義：学生による組織的アイデンティティ形成と自己創出のデザイン」(『実践女子大学人間社会学部紀要』10)

天笠邦一(あまがさくにかず)(第2章)
昭和女子大学人間社会学部現代教養学科専任講師
1980年，群馬県生まれ。2011年，慶應義塾大学大学院
政策・メディア研究科後期博士課程修了，博士(政策・メディア)取得。藤沢市政策研究員，株式会社インフィールドデザインヒューマンファクターなどを経て，2013年4月より現職。
専門はメディア論と社会的ネットワーク論。
主な業績として，「子育て期のサポートネットワーク形成における通信メディアの役割」(社会情報学研究14(1))，「家族とケータイ(6章)」(松田美佐，岡田朋之編「ケータイ社会論」有斐閣選書，2012)など。

浅岡隆裕(あさおかたかひろ)(第5章)
立正大学文学部准教授
立教大学大学院社会学研究科博士課程退学。広告会社のマーケティング(市場調査および企業のコミュニケーション戦略立案)部門，立教大学社会学部助手を経て現職。イギリス国立レスター大学訪問研究員(2012年)。
主な業績として，『ネットワーク化・地域情報化とローカルメディア』(林茂樹との共編著，ハーベスト社，2009年)，『メディア表象の文化社会学』(単著，ハーベスト社，2012年)など。

(＊は編者)

ネット社会の諸相

2015年3月30日　第一版第一刷発行

編著者	飯田　良明
	松下　慶太

発行所　株式会社 学文社

発行者　田中千津子

東京都目黒区下目黒3-6-1 〒153-0064
電話 03(3715)1501　振替00130-9-98842
http://www.gakubunsha.com

©2015 Iida Yoshiaki and Matsushita Keita
Printed in Japan

乱丁・落丁は，本社にてお取替え致します。
定価は，カバー，売上カードに表示してあります。
印刷所　新灯印刷　　　　　　　　　検印省略

ISBN978-4-7620-2536-5